宋朝人的生活

带你穿越到宋朝

南　南 著
风　歌 绘

中国旅游出版社

责任编辑：王欣艳 胡一鸣
责任印制：冯冬青
装帧设计：缤纷科技

图书在版编目(CIP)数据

宋朝人的生活：带你穿越到宋朝 / 南南著；风歌绘. -- 北京：中国旅游出版社, 2023.6
(古人的美好生活系列)
ISBN 978-7-5032-7114-4

Ⅰ. ①宋… Ⅱ. ①南… ②风… Ⅲ. ①社会生活—中国—宋代 Ⅳ. ①D691.9

中国国家版本馆 CIP 数据核字(2023)第 082765 号

书　名：宋朝人的生活：带你穿越到宋朝

作　者：南南 著 风歌 绘
出版发行：中国旅游出版社(北京静安东里 6 号 邮编：100028)
http://www.cttp.net.cn E-mail: cttp@mct.gov.cn
营销中心电话：010-57377103 010-57377106
读者服务部电话：010-57377107
排　版：缤纷科技
经　销：全国各地新华书店
印　刷：北京金吉士印刷有限责任公司
版　次：2023 年 6 月第 1 版 2023 年 6 月第 1 次印刷
开　本：787 毫米 × 1092 毫米 1/32
印　张：7.5
字　数：160 千
定　价：60.00 元
I S B N 978-7-5032-7114-4

目录

〔第一章 新局〕

重文轻武 三

《劝学诗》 九

纸币疯狂 一〇

《桑贵有感》 一六

玩物求雅 一九

《于潜僧绿筠轩》 二四

〔第二章 都市〕

汴京梦华 二八

《好事近·汴京赐宴闻教坊乐有感》 三三

临安富丽 三六

《题临安邸》 四二

广州崛起 四三

《题共乐亭》 四八

成都高光 四九

《成都书事》 五六

〔第三章 节庆〕

元宵狂欢 六〇

《青玉案·元夕》 六五

七夕乞巧 六六

《鹊桥仙》 七一

中秋盛行 七二

《水调歌头》 七八

花朝风光 八二

《前调·寿湛庐先生》 八七

〔第四章 女性〕

职业自立 九一

《朱娘曲》 九五

目录

服饰时尚 九七

《蝶恋花》 一〇六

香药风情 一〇七

《南歌子·香墨弯弯画》 一一三

缠足风起 一一四

《菩萨蛮·咏足》 一一八

〔第五章 衣饰〕

男服好古 一二二

《鹊桥仙·寿徐伯熙察院》 一三二

衣服无章 一三三

《赠人三首次韵道卿·其三》 一三七

儒雅风行 一三八

《盆池》 一四四

〔第六章 美食〕

主食万状 一四七

《食粥》 一五五

名菜迭出 一五八

《猪肉颂》 一六七

斗茶风行 一六八

《和章岷从事斗茶歌》 一七五

〔第七章 居住〕

房价高昂 一八二

《闲居五咏·买宅》 一八八

租房兴盛 一八九

目录

《赁宅》 一九六
园林风月 一九七
《清平乐·检校山园书所见》 二〇四

〔第八章 出行〕
差旅悠长 二〇七
《清商怨·葭萌驿作》 二一五
打的流行 二一六
《自和二首·其一》 二二三
三苏南行 二二四
《游嘉州龙岩》 二三三

第一章 新局

昨夜雨疏風驟濃睡不
消殘酒試問捲簾人卻
道海棠依舊知否知否
應是綠肥紅瘦
如夢令
中
庸

重文轻武

夜晚的迷人之处在于，夜色带来朦胧美，使人精神放松，心中所想所念之事可以借机完成。

宋太祖赵匡胤一定深谙此道。

建隆二年（961）七月的一天晚上，宋太祖召集开国将领石守信等人饮酒。酒至酣处，宋太祖屏退侍从，对众人说："我非尔曹之力，不得至此，念尔曹之德，无有穷尽。然天子亦大艰难，殊不若为节度使之乐。吾终夕未尝敢安枕而卧也。"众人询问原因，宋太祖说："居此位者，谁不欲为之？"众人顿首表达忠心："陛下何为出此言？今天命已定，谁敢复有异心？"宋太祖说："不然。汝曹虽无异心，其如麾下之人欲富贵者，一旦以黄袍加汝之身，汝虽欲不为，其可得乎？"众人又顿首，哭着请宋太祖指示生路。宋太祖说："人生如白驹之过隙。所为好富贵者，不过欲多积金钱，厚自娱乐，使子孙无贫乏耳。尔曹何不释去兵权，出守大藩，择便好田宅市之，为子孙立永远不可动之业，多置歌儿舞女，日饮酒相欢以终其天年？我且与尔曹约为婚姻，君臣之间，两无猜疑，上下相安，不亦善乎！”众人纷纷拜谢，说：“陛下念臣等至此，所谓生死而肉骨也。”第二天，众人都称病辞官。宋太祖“喜，所以慰抚赐赉（lài）之甚厚”。

这就是今人耳熟能详的“杯酒释兵权”事件。笔者之所以不厌其烦地叙述此事的过程，是为了完整地呈现宋太祖、石守信等人的态度。他们从五代十国的割据与战乱中走来，深知拥有兵权的威力。面对率兵征战多年的手下大将，宋太祖不敢硬来，于是委婉地一步步说出想法。石守信等人做了新朝的臣子不过一年半（即“杯酒释兵权”事件距北宋建立的时间），不敢藐视皇帝，于是一步步地配合。道理再明白不过，君臣心知肚明，彼唱此和，结果自然皆大欢喜。这完全是一场天衣无缝的喜剧，表演者都是一群极具职业精神的戏精。

不过，正是这群戏精的表演，开启了贯穿两宋时代的重文轻武政策。

宋太祖武将出身，却“独喜观书，虽在军中，手不释卷”。后周显德（954—960）年间，宋太祖跟随周世宗柴荣在淮河地区征战，自己花钱购买数千卷书籍。有人举报说其私藏数车财物，周世宗派人查验，发现只不过是书籍而已。周世宗迷惑不解，宋太祖解释：“所以聚书，欲广闻见，增智虑也。”建隆三年（962），宋太祖对近臣说：“今之武臣，欲尽令读书，贵知为治之道。”乾德四年（966），宋军平定后蜀，得到一枚刻有“乾德四年铸”的旧印鉴。宋太祖大惊，询问大臣们，但无人能释疑。学士窦仪说：“此必蜀物。昔伪蜀王衍有此号，当是其岁所铸也。”宋太祖恍然大悟，感叹说：“宰相须用读书人。”此后，更加重视儒臣。宋太祖劝说“以吏道闻，寡学术”的宰相赵普读书，结果赵普“手不释卷”。其后，宋太宗、宋真宗、宋仁宗等皇帝都重视读书，使重文轻武政策一以贯之。

重文，亦称崇文、右文，指尊崇、重用文士。宋朝的权力中枢多为文士占据。据统计，北宋时期宰相共有七十一人，科举出身的六十四人；南宋时期宰相共有六十二人，科举出身的五十一人，太学生六人。宋仁宗时进士刘敞感叹说：“（主上）使非常之业与士大夫共有也。此乃三王所不及，五帝所难行。”完全可以说，皇帝“与士大夫共治天下”在宋朝成为现实。

建隆三年，宋太祖秘密下令镌刻一座誓碑，其中有云，“不得杀士大夫及上书言事人”，“子孙有逾此誓者，天必殛（jí）之”。此事是否属实尚有争议，但不可否认的是，宋朝皇帝杀士大夫的情况并不多见，礼待士大夫的程度则前所未有。

为了选拔文士，宋朝大力发展科举考试。开宝六年（973），主持科举考试的权知贡举李昉徇私录取同乡，遭人告发。宋太祖亲自出题，召集新及第进士在皇宫讲武殿中重新考试，选出“天子门生”一百余人。自此，殿试成为常式。科举考试分为解试（后称州试、乡试）、省试、殿试三级亦由此发端。

有学者统计，宋朝科举录取文士共约十一万人，平均每年约三百六十人，可谓空前绝后。宋太宗时，每年解试合格人数约一万人，淳化元年（990）竟高达两万人。大中祥符二年（1009）开始限制人数，每年六七千人。治平三年（1066），科举考试改为三年一次，解试合格人数六七千人。南宋时，人数大致亦如此。宋朝初年，省试合格人数无限制，约为参加考试的人数的十分之一。天圣五年（1027），宋仁宗下诏规定进士不超过五百人，各科不超过一千人。皇祐五年（1053），又下诏规定进士限三百人，各科不超过这个数量。治平三年，宋英宗下诏规定进士限三百人，各科不超过这个数量。建炎元年（1127），十四人取一人。隆兴元年（1163），改为十七人取一人。科举考试录取的名额如此之多，使文士大规模地进入了权力场，所谓“满朝朱紫贵，尽是读书人”。

淳化二年（991），宋太宗下诏：“如工商杂类人内有奇才异行、卓然不群者，亦许解送。”此后，参加科举的人员范围逐渐扩大到全社会。在庆历八年（1048）至皇祐元年（1049）之间三元及第的冯京，父亲是一位商人。莆田（今属福建）人杨何登进士第之后，曾任南阳（今属河南）士掾及抗金名将刘汲的幕僚。其父亲是道士，母亲是尼姑。熙宁二年（1069），宋神宗下诏，允许五服以外的宗室参加科举。绍兴十八年（1148），宗室登科者十七人。宝祐四年（1256），宗室登科者八十四人。乾道二年（1166），宋太宗八世孙赵汝愚状元及第，宋宁宗时升任右丞相。参加科举人员范围的扩大，打开了全社会优秀学子的上升通道，使文士得到全社会的重视。

此外，宋朝科举考试采用了一系列防止徇私舞弊的方法。例如，考试官从获得任命时起，锁宿于试院，直至放榜之日；应举者排定坐次，张榜公布，不得调换；考试时，禁止挟带文集，禁止遥口相传，禁止代笔；采用糊名制，即评定考卷时，将应举人的姓名等信息密封或去掉，用字号代替；省试采用点检试卷官、参详官、知贡举三级评定，殿试采用初试、覆考、详定三级评定；等等。采用这些方法，可以尽可能地保证结果公平，使文士通过读书、科举改变命运成为现实。

轻武，亦称抑武，指不重用武将、以文臣压制武将。宋高宗在位期间，听信道士皇甫坦之言，让太子赵惇娶庆远军节度使李道的女儿李凤娘为妃。李凤娘天性悍妒，常常在宋高宗、宋孝宗面前说赵惇手下人的坏话。宋高宗很不满意，对皇后吴氏说："是妇将种，吾为皇甫坦所误。"蔑视武将的态度昭然若揭。

文臣可以指挥战斗，但不能在战场上直接厮杀。因此，宋朝设立了类似于科举的武举，以选拔将领。天圣八年（1030），宋仁宗亲试武举十二人，"先阅其骑射，后试其答策，以策为去留，弓马为高下"。武举考试不仅内容简单，而且用属于"文"的范畴的"答策"来决定武举者的去留，可见重文轻武的深入程度。此后，武举数度废止、重置。南宋时，"武臣试换文资""武举人试换文资"现象愈演愈烈。武举由此变为科举落榜文士寻求功名的捷径，颇具戏剧性。

这种戏剧性是重文轻武政策影响的缩影。一方面，唐朝军阀拥兵自重、割据一方的局面没有重现，两宋各自保持了一段长时间的和平，经济、科技、文化、艺术、教育等因此得以繁荣昌盛。尤为令人注目的是，以石鼓书院、岳麓书院、应天府书院、白鹿洞书院为代表的书院陆续建立，读书风气在全社会流行。"万般皆下品，惟有读书高""书中自有黄金屋""书中自有颜如玉"等诗句传诵一时，及于后世。就此而言，重文轻武已成社会风气。另一方面，"积贫积弱"，军队士气不振、战斗力低下，以至于宋军在与辽、夏、金交战时屡屡败北；官员数量过多，官僚机构臃肿；文士热衷荣华富贵、奢靡享乐的风气弥漫，使命意识如天方夜谭。

“忆昔陈桥兵变时，欺他寡妇与孤儿。谁知三百余年后，寡妇孤儿又被欺。”显德七年（960）正月初三，赵匡胤发动陈桥兵变，从七岁的后周恭帝及其养母符氏手中夺取政权。至元十三年（1276）正月十八，元军攻克临安（今浙江杭州）。宋理宗的皇后谢道清抱着五岁的宋恭帝，出城投降。

历史的戏剧性莫过于此。

劝学诗

赵恒（宋真宗）

富家不用买良田，书中自有千钟粟。
安居不用架高堂，书中自有黄金屋。
出门莫恨无人随，书中车马多如簇。
娶妻莫恨无良媒，书中自有颜如玉。
男儿欲遂平生志，六经勤向窗前读。

译文

想让家庭富裕，不需要买肥沃的田地，只要认真读书就行，书中自然有很多粟米。

想安稳地生活，不需要建筑高大的房屋，只要认真读书就行，书中自然有用黄金建造的房屋。

出门不要埋怨没有人跟随，只要认真读书就行，书中的车马多得聚集成堆。

娶妻子不要埋怨没有好的媒人，只要认真读书就行，书中自然有像玉一样的美人。

男子汉想实现人生的志愿，只需要坐在窗前勤奋地学习六经。

纸币疯狂

天圣元年（1023）十一月，益州交子务成立。第二年二月，交子由宋朝廷发行，史称官交子。这意味着，交子正式成为国家货币。它是世界上最早使用的纸币。

一个纸币疯狂的时代就此拉开帷幕。

在此之前，交子由民间发行，称为私交子或民交子。宋初，蜀地的钱为铜钱、铁钱并行。但宋朝廷下令取蜀地铜钱上供，并禁止铜钱入蜀地，后取消此禁令，以铜钱纳税，却又禁止铁钱出蜀地。这些举措导致铁钱充斥蜀地。铁钱笨重，不适合携带。宋太宗淳化（990—994）年间，李顺起义，铸钱遂停止。蜀地的钱因此越来越少。于是，交子应运而生。

最初的交子由益州十六富户连保。宋朝雕版印刷术及造纸术较为先进，为交子的印造提供了技术支撑。十六富户使用同一颜色的楮（chǔ）纸（宋朝纸币大多用楮纸印造，故又称楮币）印造交子，上面印有屋、木、人物等图案。商人将铁钱存放在铺户中，铺户在交子上“押字，各自隐密题号，朱墨间错，以为私记”，填写钱数，然后交给商人，作为取钱时凭证。用交子取钱时，铺户每贯收三十文费用（宋朝一贯通常为一千文）。这时的交子，显然只是一种票据，而非货币。故有交子起源于唐朝飞钱之说。

交子发行后，确实十分便利，“捷如铸钱”，但很快就“奸弊百出，狱讼滋多”。当时，市场上假交子接连出现，“兴行词讼不少”。铺户用收到的钱大量投资，“广置邸店、屋宇、园田、宝货”。有人取钱，铺户就关门，“以至聚众争闹”，经过官府调解，“每一贯多只得七八百”。面对种种乱象，官府终于出手干预。

大中祥符八年（1015），益州转运使薛田请求宋朝廷设置交子务，专营交子。但此意见未被采纳。宋真宗天禧（1017—1021）年间，寇瑊知益州，直接下令关闭交子铺。交子由此在市场上绝迹，导致“市肆经营买卖寥索”。显然，寇瑊是逆潮流而行，从一个极端走向另一个极端。天圣元年（1023），薛田知益州，奉旨与益州转运使张若谷共同就废置交子提出意见。薛田仍建议设置交子务，交子由“官中置造”，即官交子。这一次，薛田的意见得到宋朝廷的认可。

官交子限在蜀地流通。面值从一贯到十贯，共十种。每三年为一界（即期），到界时用旧交子换新交子。每界发行总数为一百二十五万六千三百四十贯，本钱为铁钱三十六万贯，约占总数的三分之一。个人或商户将现钱存入官府，官府出具合同及相应面额的官交子。用官交子兑换现钱时，每一贯官府收取三十文，并销毁合同；以旧换新时，每一贯官府收“纸墨费”三十文。

此后一直到宋哲宗绍圣（1094—1098）年间，官交子的币值相对稳定。绍圣以后，为了筹措军费，官交子的发行变得随意起来，不仅“界率增造”，而且“少者数十万缗（mín），多者或至数百万缗”。就连蜀地的官交子，“每岁书放亦无定数”。宋徽宗崇宁（1102—1106）年间，因为陕西用兵，官交子发行泛滥，贬值严重，一缗仅值一百文。作为货币，官交子的信用丧失殆尽。崇宁四年（1105），在四川之外，多地改用钱引。

第二年二月，官场上发生了一件不大不小的事：蔡京罢相。崇宁二年（1103），宋徽宗起用蔡京为宰相。蔡京甫一上任，便只手遮天，引发权斗。当时，市场上小平钱（面值一文的铜钱）缺乏，蔡京下令铸造当十钱（以一枚当作十枚小平钱的铜钱）。蔡京罢相四个月后，宋徽宗下诏用小钞兑换各地的当十钱及私钱（私人所铸铜钱）。小钞是宋朝流通地区最广的纸币，面值有从一百文到一贯十种。

蔡京很快就卷土重来。大观元年（1107）正月，蔡京再度为相。小钞随即被废，当十钱恢复使用。

从发行到废止，小钞的寿命不到一年。一种国家货币在如此短的时间内更替，竟然是因为大臣们之间的权斗，令人匪夷所思。这意味着宋朝的纸币正在走向疯狂。

在蔡京再度为相的当年，四川交子务改为钱引务。交子由此退出历史舞台，钱引正式登场。

大观三年（1109），钱引发行。钱引的发行方式与交子类似，每三年为一界，每界发行总数为一百二十五万六千三百四十缗，本钱为五十万缗。其后钱引的发行数量逐渐增多，但币值一直相对稳定。

发行纸币可以不讲信用，自然诱惑难挡。所以，钱引终究避免不了像交子一样的命运。开禧二年（1206），在宋宁宗的支持下，平章军国事韩侂胄发动北伐，对金朝开战。钱引发行量因此剧增，币值急剧下跌。到嘉定初年（1208），钱引一缗仅值一百文。嘉定九年（1216），钱引发行改为每十年一界。宝祐四年（1256），钱引废止。

与钱引同时存在的纸币，有关子、会子。此外，还有一些地区性纸币，如在两淮地区流通的淮交子、在荆湖地区流通的湖北会子等。

关子又称见钱关子。绍兴元年（1131），因为婺州（今浙江金华）不通水路，无法送钱给驻军，宋朝廷于是发行关子。这时，关子类似票据。商人把钱送到婺州，换取关子，到杭州、越州（今浙江绍兴）兑换现钱或钞引（一种领取、运销茶、盐、香等物品的纸券）。接着，各州县用关子购买粮食。这样，关子就具有纸币的性质了。但是，宋朝廷缺钱，关子每天只能兑付面值三分之一的现钱。如此没有信用，自然“人皆嗟怨”。乾道四年（1168），淮西得到二十万关子。此后一直到景定五年（1264），关子不见于记载，应是停用。

会子的演变过程与交子类似。熙宁八年（1075）八月，参政知事吕惠卿与宋神宗、王安石议论交子之事，就提到会子：“自可以西川法，令民间自纳钱请交子，即是会子，自家有钱便得会子。”按吕惠卿的说法，会子是交子最初时的形态，属于兑现钱的票据。此外，北宋时与会子相关的还有铅锡会子、钱会子、寄附钱会子。它们也属于兑现钱的票据。南宋初年，临安（今浙江杭州）豪右联合印发便钱会子，用于取兑现钱。看到便钱会子能赚钱，宋朝廷于绍兴三十年（1161）拿出十万缗本钱，命令户部侍郎钱端礼负责印造会子，“储见钱，于城内外流转”。面值较大，有一千文、两千文、三千文三种。会子自此改由宋朝廷发行，成为纸币。因为在东南地区流通，此会子又称为东南会子。隆兴元年（1163），宋孝宗下诏将会子的面值改为二百文、三百文、五百文、一贯四种，一直延续到南宋灭亡。

会子由宋朝廷发行后，既没有界，也没有数额限制，完全根据需要印发。乾道四年，宋朝廷重造会子，以三年为一界，每界发行的总数为一千万贯，界满后印新换旧。每换一贯收“靡费钱”二十文；如果一贯为零钱，则减半收取，为十文。宋朝廷很快就食言。第二年，第二界东南会子发行。此后，东南会子两界并行，而且每界发行的总数越来越多。

从开禧北伐一直到嘉定（1208—1224）年间，宋金之间战争不断，东南会子发行总数急剧膨胀。嘉定五年（1212），市场上流通的东南会子总数超过两亿两千万贯。宋理宗即位后，宋蒙战争爆发，东南会子发行的总数依旧居高不下。到淳祐六年（1246），市场上流通的东南会子为六亿五千万贯。

宋朝廷不控制东南会子的发行数量，民间有人借机伪造牟利。淳熙三年（1176），有大臣上书宋孝宗说：“今官印之数虽损，而伪造之券愈增。且以十五、十六界会子言之，其所入之数，宜减于所出之数。今收换之际，元额既溢，举者未已。若非伪造，其何能致多如是?”究其原因：一是造纸和印刷技术先进，使伪造变容易；二是利益的诱惑，掌握了技术，面对利益，有人铤而走险造假易于理解。倒是此人言语之间透露出宋朝廷对兑换东南会子的数量、真假毫无控制力，着实令人惊讶。想来也是纸币疯狂的必然表现。

东南会子发行的泛滥程度与官交子一样，结局必定一样。嘉熙四年（1240），一贯值二百文；景定五年（1264），一贯值五十文。贬值到如此地步，东南会子已经完全失去作为货币的功能。对此，时人李曾伯曾评价说："市井视之，粪土不如。朝廷宝货，自轻太甚。"可谓一针见血。

宝祐二年（1254），廉直敢言的李昂英上书宋理宗，直指纸币滥发造成的恶果："近在股肱之郡，楮不行而钱币竭，物踊贵而兵民贫，事事驾漏，色色穷空，症候转危，景象愈蹙。"

一招不灵，再出一招。景定五年，专权的卫国公贾似道主持发行见钱关子。此见钱关子，又称铜钱关子、金银见钱关子、银关，每贯折合铜钱七百七十文、十八界会子三贯。纸币乃信用货币，是今人皆知的常识。没有信用，纸币就是纸。其时，南宋朝廷已是苟延残喘，毫无信用可言。贾似道的做法，除了使市场上流通的纸币数量更多、面值更低、物价更高，毫无益处。

纸币情势如此，已是病入膏肓。时任兵部侍郎的袁甫忧心忡忡："江潮暴涌，旱魃为虐，楮币蚀其心腹，大敌剥其四肢，危亡之祸，近在旦夕。"

德祐二年（1276），元军攻入临安，南宋政权流亡南方。纸币的疯狂戛然而止。

桑贵有感

高斯得

我老与时忤，十年守穷空。
衣食相驱迫，遂师田舍翁。
每当春蚕起，不敢怠微躬。
晨兴督家人，留心曲箔中。
客寓无田园，专仰买桑供。
岂谓桑陡贵，半路哀涂穷。
三百变三千，十倍价何穹。
家赀已典尽，厥费犹未充。
乃知楮法坏，流毒刀兵同。
苍天此何人，血面诉难通。
弃蚕满阬谷，行当歌大东。
预忧儿女曹，凛冽当严风。
我穷何足道，四海关吾胸。
赤子已露立，视天犹梦梦。

译文

我老了却违逆世俗，所以十年来维持贫穷。

受到衣服和食物的逼迫，于是拜年老的农民为师学习耕种。

每次从春季饲养蚕开始，卑贱的

身体就不敢松懈。

早晨起床督促家里人，注意曲箔(养蚕的器具）里的蚕。

居住在他乡没有田地园圃，只得依靠购买桑叶养蚕。

谁知道桑叶突然提价，半路上悲叹处境困窘。

三百文变成三千文，桑叶的价格涨了十倍，什么时候才能停止？

家里的财产已经典当完了，花费短缺仍然没够。

这才知道楮币的规则崩坏，流传的毒害与战争一样。

苍天啊，这是什么人做的？泪流满面，控告难以获得结果。

沟壑山谷到处都是遗弃的蚕，正应该歌咏《大东》(出自《诗经·小雅》)。

提前担心儿女们，面对寒风时严寒刺骨。

我贫穷有什么值得说的？天下装在我的心里。

忠贞的人已经没有居处，看着天，天仍然昏暗不明。

洛阳耆英会（局部） 宋·佚名

玩物求雅

靖康二年（1127）三月，金军挟持宋徽宗、宋钦宗及十万余宋人北返，宋朝江山岌岌可危。四十四岁的李清照身在淄州（今山东淄博），将自己与丈夫赵明诚多年收藏的图书、书画、器物精挑细选了十五车，南下避难。

彼时，李清照、赵明诚的收藏已名闻遐迩。赵明诚从太学读书开始走上收藏之路。为了购得心仪的图籍、奇器等，常常花光俸禄，典当衣物换钱也是常事。李清照收藏书籍，也是不惜重金。崇宁（1102—1106）年间，有人开价二十万钱，出售南唐画家徐熙的《牡丹图》。赵明诚、李清照将此画把玩了两夜，最终因为筹不到钱，“计无所出而还之”。事后，“夫妇相向惋怅者数日”。两人每每得到一本书，即共同校勘、整理，题写书名。得到图籍、器物，则“摩玩舒卷，指摘疵病，夜尽一烛为率”。这般如痴如醉投入，自然声名鹊起。对此，李清照颇为自得。

李清照、赵明诚的做派，用南宋大儒朱熹的话说，即“玩物适情”。这是宋代士人的普遍追求，在日常生活中专注“玩物”，寄托才情，体验、享受其中的韵味、诗意，展现自身的风度与抱负。欧阳修醉心于金石，收藏了大量的古石刻，撰成《集古录》。赵明诚藏有《集古录跋尾》四则书迹，先后四次题记。书画家米芾“遇古器物、书画则极力求取，必得乃已”。画家李公麟“多识奇字，自夏、商以来钟、鼎、尊、彝，皆能考定世次，辨测款识，闻一妙品，虽捐千金不惜”。苏轼嗜茶如命，精于茶道，创作了多首有关茶的诗词。诸如此类，不一而足。

如此“玩物”，不是寻常的喜好玩弄，而是嗜求精致的高雅；不是突发的见异思迁，而是心无旁骛的专注。苏轼有言：“士俗不可医。”黄庭坚教育弟子：“士生于世，可以百为，唯不可俗，俗便不可医也。”雅，已然成为宋代士人的标签之一。

宋代士人的雅，出自日常生活，而非不食人间烟火。苏轼一生被贬三次，不仅没有消沉，反而积极寻找日常生活的快乐，耕地种菜、创制美食，以晨起洗头理发、中午窗边坐睡、晚间睡前洗脚为“谪居三适”。熙宁六年（1073），司马光在洛阳尊贤坊买地二十亩建独乐园，平日里读书会友、钓鱼采药、浇花剖竹，“窥仁义之原，探礼乐之绪”。这样的生活，“不知天壤之间，复有何乐可以代此也”。

这样的雅，以闲为前提。宋代士人心目中的闲，不是在无所事事中浪费光阴，而是创造了追求事业的机会。闲了，时间变得漫长起来，“乐取闲中日月长”；闲了，富贵不求自来，“身闲则为富，心闲则为贵”；闲了，内心充满幸福感，“这闲福，心自许”；闲了，心境便可超然物外，“山川风月本无常主，闲者便是主人”。

更重要的是，闲可使身心达到舒服而自得的境界，即适意。苏轼云："适意无异逍遥游。"宋理宗时人赵希鹄描述了自己所见的士人日常生活："前辈诸老先生多畜法书、名画、古琴、旧砚，良以是也。明窗净几，罗列布置，篆香居中，佳客玉立相映。时取古人妙迹，以观鸟篆蜗书、奇峰远水。摩挲钟鼎，亲见商周。端砚涌岩泉，焦桐鸣玉佩。"这种精致、专注的日常生活方式，使身心在闲中体现从容不迫的平衡与和谐，从而达到适意。司马光说："人生贵适意。"人生有了适意，便是圆满。因此，赵希鹄由衷地感慨："不知人世所谓受用清福，孰有逾此者乎？"这大概是宋朝士人求雅的原因所在吧。

宋太祖曾劝石守信等人："多置歌儿舞女，日饮酒相欢，以终其天年。"士人本有歌舞相伴、饮酒作乐的传承，宋太祖的话可谓正中下怀。两宋各有一段长时间的社会稳定期，政局平稳有序，商品经济繁荣，城市富裕繁华。于是，安逸奢靡的氛围渐渐形成。在此状态下，士人追求闲、适，极易陷入享乐主义的地步，进而使雅面临堕入恶俗的危险。

皇祐二年（1050），晏殊知永兴军（治所在今陕西西安）时，任命张先为通判。不久，晏殊买到一名倾心的侍女。每次张先登门，晏殊都让她陪酒助兴，她常常歌唱张先的词作。后来，这件事引起晏殊妻子王氏的不快，晏殊只好将她送走。一天，张先又登门，与晏殊饮酒。酒间，张先作《碧牡丹》，让营妓歌唱。晏殊听罢，怅然若失地说："人生行乐耳，何自苦如此？"随后，让仆人拿钱将之前的侍女赎回。

张先的风流行径一点儿也不输于晏殊。他曾与一名尼姑频繁在深夜约会，分手时恋恋不舍，作《一丛花令》，其中有言：“沈思细恨，不如桃杏，犹解嫁东风。”晚年时，张先纳一名长相艳丽的女子为妾。此女出身士族，不肯起名字，张先称她为六娘。但妻子坚持给她起名字，张先虽然无奈，却给她起了个与六娘发音的相近的名字——绿杨。过了一段时间，张妻将绿杨赶走。张先作《蝶恋花》，表达眷恋之情。临别时，张先又作《浪淘沙令》，为绿杨送行。

有一次，一名客人问张先：“人皆谓公张三中，即心中事、眼中泪、意中人也。”张先说：“何不目之为张三影?”客人不解，张先说：“云破月来花弄影；娇柔懒起，帘压卷花影；柳径无人，堕风絮无影：此余平生所得意也。”“三中”的说法，显然是感官享乐式，属于形而下。“三影”的说法，则把感官享乐升华到审美感受，抵达形而上，实现与闲、适追求的统一。这为安逸奢靡与追求闲、适之间的平衡提供了一种解释，是挽救雅堕入恶俗的一种方式。但是，张先的解释未免不是一种话语冒险。李清照在谈及与丈夫赵明诚一起赏玩家传《周易》《左传》的感受时，说：“意会心谋，目往神授，乐在声色狗马之上。”这种说法更加纯粹，与张先的解释泾渭分明。

靖康二年（1127）十二月，金兵攻陷青州（今属山东），李清照、赵明诚夫妇在青州故居的十余屋“书册什物”化为灰烬。建炎二年（1128）十二月，金兵攻陷洪州（今江西南昌）。李清照携带少量轻便的书帖、典籍及十余件鼎鼐仓皇南逃，其余图书、器物“散为云烟”。绍兴元年（1131）三月，李清照到达越州，寄放在剡县（今浙江嵊州）的图书、器物大部分被军中将领取走，只剩下五六筐书画、砚墨。一天夜里，有人挖墙打洞盗走五筐。李清照重金悬赏赎回，但只得到十八轴书画。至此，李清照的手中仅剩“一二残零不成部帙书册，三数种平平书帖”。无论如何呵护与用心，都抵挡不住滚滚而起的历史洪流。痛定思痛，李清照说：“然有有必有无，有聚必有散，乃理之常。人亡弓，人得之，又胡足道!”这恐怕才是“玩物适情”最现实的升华吧。

于潜僧绿筠轩

苏轼

可使食无肉，不可居无竹。

无肉令人瘦，无竹令人俗。

人瘦尚可肥，士俗不可医。

旁人笑此言，似高还似痴。

若对此君仍大嚼，世间那有扬州鹤?

译文

吃饭可以没有肉，但居处不能没有竹子。

没有肉吃让人瘦，没有竹子让人庸俗。

人瘦了还能变肥，人庸俗了不能医治。

其他人嘲笑我的这些言论，并问：“它们是高雅呢，还是愚钝?”

请问，如果面对此君（竹子）仍然大口吃肉，既要高雅，又要美味，人世间哪有升官、发财、成仙这种十全十美的事情呢?

第二章 都市

汴京梦华

宋太祖将自己王朝的都城定在汴京，并非深思熟虑的结果。宋朝建立后，宋太祖曾萌生迁都洛阳的想法。至于原因，史载是“帝生于洛阳，乐其土风”。起居郎李符上书反对，宋太祖没有采纳。开宝九年（976）四月，宋太祖到洛阳祭祀之后，不打算再离开。大臣们都不敢规劝，只有铁骑左右厢都指挥使李怀忠直言，但宋太祖置之不理。时为晋王的赵光义极力劝阻，宋太祖这才罢休。此时，距宋太祖去世仅六个月。

李怀忠虽然没有让宋太祖回心转意，但说出了一个关键的事实：“东京有汴渠之漕。”汴京位于黄河之南，由宫城、内城及总长度五十余里的外城三部分组成，汴河、蔡河、广济河、金水河穿城而过，以汴河为核心的漕运体系极其发达。太平兴国六年（981），宋朝廷规定：“汴河岁运江、淮米三百万石，菽一百万石；黄河粟五十万石，菽三十万石；惠民河粟四十万石，菽二十万石；广济河粟十二万石。”宋太宗至道初年，汴河运米五百八十万石，宋真宗大中祥符初年达到七百万石，甚至有“半天下之财赋，并山泽之百货，悉由此路而进”的局面。汴河的核心地位不言而喻。元丰六年（1083）七月，周邦彦向宋神宗献上长达七千字的《汴都赋》，描绘了汴河漕运的盛况：“自淮而南，邦国之所仰，百姓之所输，金谷财帛，岁时常调，相衔千里不绝。越舲吴艚，官艘贾舶，闽讴楚语，风帆雨楫，联翩方载，钲鼓镗铬（táng dā），人安以舒，国赋应节。”宋神宗时参政知事张方平说：“汴河之于京师，乃是建国之本。”可谓一语中的。

有了便利的交通，有了充足的粮食，汴京的人口开始膨胀。太平兴国（976—983）年间，户数为十八万。元丰（1078—1085）年间，户数超过二十三万。此时，总人口已逾百万。崇宁（1102—1106）年间，户数增至二十六万户。有学者认为，北宋末年汴京的总人口可达一百四十万到一百七十万。

随着人口膨胀，汴京的手工业、商业繁荣起来。军器制造、纺织、造船、制瓷、雕版印刷、酿酒、制茶、金银加工等产业享誉全国，掌握专门技艺的工匠众多。在市场上交易的商品种类繁多，“集四海之珍奇，皆归市易”。交易的场所多样，如相国寺每月开放五次的“万姓交易”，桥边、街巷、茶楼、酒楼的临时买卖，及十字街、潘楼街、马行街、州桥大街等商家聚集的商业街。唐朝都城长安实行坊市制，居民区（坊）与商业区（市）分开，而且各个居民区、商业区都有围墙。汴京实行与此完全不一样的厢坊制，居民区、商业区不再有围墙，而且不再互相独立。不论大街还是小巷，都可以开设店铺。店铺的生意兴隆，场面红火。在张择端独一无二的画作《清明上河图》中，可以直观地看到汴京商业繁荣的具体情形。

在《清明上河图》中看不到的，便是让人印象深刻的夜市了。

靖康元年（1126），宰相蔡京的第四子蔡绦流放到白州（今广西博白）。苦于蚊蚋叮咬，蔡绦无限怀念汴京城中的马行街："马行街者，都城之夜市酒楼极繁盛处也。蚊蚋恶油，而马行人物嘈杂，灯火照天，每至四鼓罢，故永绝蚊蚋。"人和人的活动，竟然让蚊蚋无处容身，得是多么拥挤热闹的场面！蔡绦的回忆或许有夸张的成分，但足以说明汴京夜市的繁华已到登峰造极的地步。

乾德三年（965）四月，宋太祖下令解除汴京夜市的禁令，于是，汴京的夜市遍布街巷，成为人流如织、车水马龙的花锦世界。在众多夜市中，有两处较大，即州桥夜市与马行街夜市。州桥夜市位于内城南边，是各类小吃的集中地。即使在冬天，也营业到三更（23 点至第二天 1 点）。马行街夜市位于宫城的东华门外，是"酒楼极繁盛处"。与州桥夜市相比，其"又盛百倍"，"车马阗（tián）拥，不可驻足"。各类店铺在三更结束夜市后，五更（3 点至 5 点）又开门营业。在马行街的酒楼中，最知名的要数矾楼。矾楼又称白矾楼、樊楼，后改名丰乐楼，因商人曾在此处买卖白矾而得名。宋徽宗宣和（1119—1125）年间，矾楼改建成一座气势雄伟的建筑，堪称独领汴京七十二家正店（有酿酒许可的酒店）之风骚。最特别的是，站在矾楼的西楼上，能俯视宫城，故后来禁止客人登临。汴京酒楼的门口都用彩楼（用彩色绸帛扎成的棚架）、欢门（用五彩为饰的门）装饰，进门后有一百多步长的廊，天井南北两边是一间间的小阁（gé）子（类似于今日饭馆内的雅间）。夜幕降临，灯烛辉煌，数百名浓妆艳抹的妓女集中在主廊上，等待酒客招揽。想必矾楼有过之而无不及。朱熹的老师刘子翚(huī) 在南渡之后回忆汴京的繁华，有诗曰："忆得少年多乐事，夜深灯火上矾楼。"《喻世明言》叙述宋仁宗乔装出宫、到矾楼饮酒时，用词《鹧鸪天》描写矾楼："城中酒楼高入天，烹龙煮凤味肥鲜。公孙下马闻香醉，一饮不惜费万钱。招贵客，引高贤，楼上笙歌列管弦。百般美物珍羞味，四面阑干彩画檐。"由是观之，蔡绦的回忆不无合理之处。

夜市中最吸引人的场所，除酒楼、饭店之外，就是妓馆与瓦子、勾栏。汴京的妓业十分繁荣。时人有言："京师之娼最繁盛于天下。"妓馆在汴京城中到处都是，较为集中的有内城的西大街、朱雀门外、曹门外、马行街、相国寺等处。在为宋太祖拟写受禅制书的陶谷看来，北宋初年汴京"鬻色户将及万计"，而且有男妓，"至于男子举体自货，进退恬然，遂成蜂窠"。在酒肆中，"有下等妓女，不呼自来，筵前歌唱，临时以些小钱物赠之而去"。这种现象称为"札客"或"打酒坐"。瓦子又称瓦肆、瓦舍、瓦市，是表演曲艺、影戏、傀儡戏、杂技、魔术、百戏、杂剧等的场所。勾栏又称勾肆、乐棚、游棚等，是瓦子中的表演场地，设有戏台（表演台）、戏房（后台）、腰棚（观众席）等。一个瓦子中通常有多个勾栏，表演不同的节目。汴京的瓦子多分布在内城的城门外周围，知名的有桑家瓦子、州西瓦子、州北瓦子、保康门瓦子、新门瓦子、朱家桥瓦子等。大约是因为表演者技艺精湛的缘故，在宋徽宗崇宁、大观（1102—1110）年间，出现了一些明星式人物，如张廷叟、李师师、徐婆惜、张七七、王京奴、左小四等。瓦子提供的服务是全方位的，除了表演各种节目，还有"货药、卖卦、喝故衣（吆喝卖衣服）、探搏（一种赌博游戏）、饮食、剃剪、纸画、令曲（唱小曲）之类”。吃喝玩乐一应俱全，让人十分沉迷。这些都是汴京繁华的证明。

绍兴十七年（1147），避地江左的孟元老“暗想当年，节物风流，人情和美”，撰成《东京梦华录》，内心无限惆怅：“仆今追念，回首怅然，岂非华胥之梦觉哉?”

十年后，郑樵撰成《通志》，直指北宋定都汴京之误：“宋祖开基，大臣无周公宅洛之谋，小臣无娄敬入关之请，因循前人，不易其故，逮至九朝，遂有靖康之难。”宋太祖迁都的想法，终于在一百多年后得到认同。只不过，一切都已烟消云散。

好事近·汴京赐宴闻教坊乐有感

韩元吉

凝碧旧池头，一听管弦凄切。
多少梨园声在，总不堪华发。

杏花无处避春愁，也傍野烟发。
惟有御沟声断，似知人呜咽。

译文

像是在过去洛阳神都苑凝碧池的旁边，一听到音乐，我就感到凄凉悲痛。

有多少当年梨园的曲调在中间，让我这白发老人承受不了。

杏花没有地方躲避春日的忧愁，依傍着荒野偏僻处的雾气开放。

宫苑的河道里没有流水声，只有它似乎知道我听到流水声会抽泣。

清明上河图（局部） 明·仇英

临安富丽

南宋定都临安，经过了一番折腾。

绍兴元年（1131）十一月，宋高宗下诏“移跸（bì）临安”，并下令建造宫室。绍兴二年（1132）正月，宋高宗从绍兴回临安，听说仁和县的名称，“甚喜，曰：‘此京师门名也。’驻跸之意始此”（宋太祖陈桥兵变后，率军自仁和门进入汴京）。不过，大臣们大多持论定都建康。建康临长江，是与金军交战的前线。宋高宗害怕，不愿定都建康，但也不愿与大臣们直接发生冲突，于是便在建康、临安、绍兴等地来回。甚至在绍兴七年（1137）正月，装模作样地下诏“移跸建康”，并建设太庙。

绍兴八年（1138）三月，宋高宗终于又下了一份“移跸临安”的诏书，才算定都临安。这份诏书十分有趣。宋高宗说，自己小心谨慎地继承祖业，明白形势凶险；已经把该做的事情做了，“移跸临安”这件事没有疏漏；到临安后有确定的任务与目标，不是为了贪图享受。为了说服大臣们，宋高宗将自己的心迹掩藏在宏大叙事的背后。在面临金朝攻击的形势之下，这确实是很有效的方式。临安其时的称呼为行在所或行在，并非都城、京城、京师之类。究其原因，不过是表明不忘收复中原之志。无论如何，宋高宗比宋太祖幸运，达成了心愿。

临安东连钱塘江，西抱西湖，北接大运河，南有凤凰山，水运发达、风景优美，在北宋时已是一个繁华富庶的大都会。咸平六年(1003)，柳永作《望海潮》词，曰："东南形胜，三吴都会，钱塘自古繁华。烟柳画桥，风帘翠幕，参差十万人家。云树绕堤沙，怒涛卷霜雪，天堑无涯。市列珠玑，户盈罗绮，竞豪奢。"嘉祐二年(1057)，宋仁宗赐诗梅挚，称临安"地有湖山美,东南第一州"。宋神宗元丰（1078—1085）年间，临安的户数已逾二十万。元祐五年(1090)，苏轼上奏宋哲宗，称临安有三十余万户，城内有四五十万人。两宋交替之际，临安连遭不幸。宣和二年（1120），方腊攻入临安。建炎三年（1129），金军攻入临安。绍兴二年（1132）五月，临安大火，"亘六七里，燔万数千家"。此后又多次失火。这些事使临安的人口减少，但并没有损及临安的元气。

由于地理环境的原因，临安东西窄、南北长，地形曲折起伏。这使得其形制与汴京及其他朝代都城明显不同，既不规则，也不对称。官署、居民区在北边，皇城在南边，呈"坐南朝北"之势。而且中央官署在居民区中间，旁边有早市，热闹非凡，甚是奇特。城内的道路随地形起伏弯曲，且较为狭窄。即便如贯穿城市南北的御道，也只有十米到二十米宽，而汴京宫城以南的御街足足有四十米宽。成为南宋的都城后，临安的繁华在这些差异的基础上，得到进一步的发展。

南宋定都临安后，北方人口大量南迁，尤其是"四方之民，云集二浙，百倍常时”。临安的人口得以快速增长。宋孝宗乾道（1165—1173）年间，临安的户数逾二十六万，城区的户数逾十万。宋度宗咸淳（1265—1274）年间，临安的户数逾三十九万，城区的户数逾十八万。令人咋舌的是，城中还有大量的流动人口。每逢太学招补新生时，成千上万的士人聚集到临安。众多的人口让商业、手工业、娱乐等迅速兴盛发达。

临安的商业沿着御街，形成南部、中部、北部三个消费主题鲜明的商业区。南部的商业区有皇城、各类官署及达官贵人的宅第，商品新奇、奢侈。市场上各种新奇珍贵的食物，供应及时充足。富贵人家对这些食物的需求量大，为了吃上时令鲜菜，竟不计较价格，争相加价。中部的商业区历史悠久，有数百年的历史，大小商店密布，商品种类样样具备，消费风格是齐全。北部的商业区有贡院与国子监。贡院是科举考试的场所。国子监分三门，称为“三学”，即录取普通士人的太学、录取皇族子弟的宗学、录取军事人才的武学。它们给北部的商业区带来了大量的士人，所以此处的消费主题是饮食、书籍。此处饮食店铺很多，但因为士人在做官之前穷困潦倒，吃饭无法大手大脚花钱，所以它们大都物美价廉、昼夜经营。临安城内的书籍铺大都集中在此处，最知名的是陈宅书籍铺。陈宅书籍铺由钱塘人陈起创办于宋宁宗时期（1195—1224），存在时间约五十年。它不仅销售书籍，还刊刻书籍，影响较大，尤其对南宋江湖派诗歌的传播功不可没。临安城中陈姓书籍铺有数家，史载的除陈起创办的陈宅书籍铺外，还有生平不详的陈思所创办的陈宅书籍铺，及创办人不详的陈解元书籍铺。至于这些陈姓书籍铺之间的关系，则无从考证。清末民初著名藏书家叶德辉在其著作《书林清话》中说："南宋临安业书者，以陈姓为最著。"应该说，这样的评价与陈起有很大的关系。

包括御街三个商业区在内，临安的大街小巷都有夜市。夜市上有一种叫关扑的博戏，十分受欢迎。关扑的玩法是，参与者与商家约定价钱，以某种方式游戏，商家胜则获得相应的钱数，参与者胜则获得商家的物品。关扑商家的物品多种多样，有糖蜜糕、灌藕、时新果子、鱼鲜、猪羊蹄肉等食物，有像生花果（仿制花果）、细画绢扇、细色纸扇等用具，还有四时玩具等；而且随季节变化，春冬有玉栅小球灯、奇巧玉栅屏风、元子槌拍、梭球等，夏秋有青纱、黄草帐子、异巧香袋儿、藏香、细扇、促织笼儿、炒栗子等。至于汴京城中流行的瓦子，在临安城中数量更多，逾二十处。沿御街从南到北，有南瓦子、中瓦子、大瓦子、下瓦子、北瓦子，较为知名。规模最大的是北瓦子，内设十三座勾栏。

临安瓦子比汴京更兴盛，是临安的繁华超过汴京的一个代表。从北方南迁临安的人中，有很多士大夫、商贾、工匠、乐舞艺人。他们带来了大量的商业资本、精湛的手工业技艺、时尚的生活方式等，使临安的繁华程度超过汴京。

不过，不能否认的是，北方移民的到来，使临安的生活深深地刻上了汴京的印记。迁入临安的汴京人不仅在城内开设了很多食店，"都城食店，多是旧京师人开张"，还带来了风味美食，如李婆婆羹、张家团子、曹婆肉饼、薛家羊饭等。临安的食店、茶楼、酒肆及流动小贩，处处有"汴京气象"。汴京一些知名店铺，如厢王家绒线铺、荣六郎印刷铺、乐驻泊药铺等，迁至临安继续经营。厢王家绒线铺的生意十分兴隆："又如厢王家绒线铺（自

西湖春晓图 宋·佚名

汴京流寓），今于御街开张，数铺亦不下万计。”瓦子里的表演者不乏汴京人。名妓李师师南下临安，依靠技艺谋生。刘子翚诗曰：“辇毂（gǔ）繁华事可伤，师师重老过湖湘。缕衣檀板无颜色，一曲当时动帝王。”孙花翁度曲、吹笛、舞蹈技艺均上乘，在临安名噪一时：“名重江浙公卿间，孙花翁至，争倒屣（xǐ）。”

因为汴京人很多，临安城内的口音发生了改变，融入了汴京话的发音。这种现象到明朝时仍有存留。

景炎二年（1277），意大利商人马可·波罗到达临安。在他的眼中，临安是一座“极灿烂华丽”的“天城”：“谓其为世界最富丽名贵之城，良非伪语。”虽然关于他是否到过中国尚存争议，但杭州“天城”的美名传遍世界却是实实在在的了。

题临安邸

林升

山外青山楼外楼，西湖歌舞几时休？
暖风熏得游人醉，直把杭州作汴州。

译文

在青山之外还有青山，在楼阁之外还有楼阁；西湖上的歌舞什么时候才能停止？

暖洋洋的春风吹得游玩的人像喝醉了一样，竟然把杭州当成汴州。

广州崛起

熙宁四年（1071）十月，广州知州程师孟组织修筑西城，第二年八月完工。至此，广州形成子城、东城、西城三城并立的格局。在宋朝都市中，这是绝无仅有的存在。

子城又称中城，在原南汉（917—971）兴王府的基础上修筑而成，周长五里。北部为官署区，南部为商业区，东南部有州学、贡院等文教机构。城北的甘溪在越秀山麓分成两支，东为文溪，西为越溪。城北越溪畔有菊湖。建于宋宁宗嘉定（1208—1224）年间的禺山书院、番山书院，即位于东南部。淳祐四年（1244），城内唐朝遗留的清海军门大规模扩建，第二年完工。此门“钜丽，为诸道冠”，“广十丈四尺，深四丈四尺，高二丈三尺”，上为楼，下有两个并列的大门，故称双门。刘克庄有文记述落成之日的庆祝盛况：“铙吹轰空，斗酒系道，观者数万，皆曰：‘轮奂美哉！’”城外靠近珠江的岸边有海山楼，建于宋仁宗嘉祐（1056—1063）年间，毁于元代。海山楼高大雄伟，“百尺阑干横海立”，“极目千里，为登览之胜”，时称广州“第一楼”，是市舶司（管理海上贸易的机构）宴请蕃商、经略安抚使检阅水军之处。宋孝宗时宰相洪适曾亲历招待蕃商的“阅货之宴（货物检查完毕后举行的宴会）”，宴会上充满异国风情，“夷歌胡伎，盖兰阇（dū）以同欢”。

东城西接子城，在古越城的基础上修建而成，周长四里。文溪从东城、子城之间流过，注入玉带河，今已湮灭。城东有东濠，与玉带河交汇后注入珠江。城内主要为官员、居民、军队的居住区和风景区，有部分官署及仓库，街道较为狭窄。宝庆二年（1226），广州人李昂英考中探花。他是广州历史上第一位探花，为官耿直，宋理宗评价他“无党，中外颇惮之”。晚年住在文溪一带，并以文溪为号。

西城东接子城，周长逾十三里，是三城中最大的一座。越溪从西城、子城间穿过，经位于南部的西湖注入玉带河。城西有西濠，与玉带河交汇后注入珠江。西湖较大，“长达数百余丈”。西城有九座城门，在靠近珠江的南边有五座，这是航运发达、商业活动频繁的证明。城内主要为商业区，是蕃人（即外国人）的聚居地，道路呈方格状。

宋朝时，广州的海外贸易十分发达，“唯广最盛”。有很多蕃人长期居住下来，有的蕃人多年不归，出现“土生蕃客”，甚至有人“居住已经五世”。他们都住在西城南部的蕃坊中。蕃坊又称为蕃巷，为“海外诸国人聚居”之处，“置蕃长一人”。蕃长在蕃人中挑选，由宋朝廷任命、授官，职责是“管勾蕃坊公事，专切招诱蕃商入贡”。蕃人与华人杂处，“衣着与华异，饮食与华同”，可以与官民之家通婚。绍兴七年（1137），“大商蒲亚里者既至广州，有右武大夫鲁纳利其财，以妹嫁之，亚里因留不归”。有趣的是，这件事不知怎么让宋高宗知道了，宋高宗派广州知府连南夫劝蒲里亚继续从事贸易。但是，蕃人购买田地、房屋却被限制。景祐二年(1035)，前广南东路转运使郑载上书宋仁宗称："广州每年多有蕃客带妻儿过广州居住，今后禁止广州不得卖与物业。"第二年，宋仁宗下诏："广州海南蕃商毋得多市田宅，与华人杂处。"

在蕃坊中，有专门为蕃人子弟设置的学校，即蕃学。蕃学建成于大观二年（1108)，原贺州州学教授曾鼎旦担任蕃学教授，教师由"南州之纯秀、练习土俗者"担任，教育方针注重潜移默化。康定元年（1040）元宵节，广州举行灯会，"有报蕃市火者"。广州知州段少连正宴请宾客，"作优戏，士女聚观以万计，其僚请罢燕，少连曰：'救火不有官乎?'作乐如故"。由此可知，西城中有蕃市。

蕃人长居广州，风俗随之传入，为当地人接受。广州富人受到蕃人的影响，流行畜养鬼奴、昆仑奴。明朝《嘉靖广东通志》载："鬼奴者，番国黑小厮也。"宋孝宗淳熙（1174—1189）年间任钦州教授的周去非路过广州时，见到传说中的斗鸡"芥肩金距之技"，是蕃人所用。斗鸡时，"注以黄金，观如堵墙也"，场面热闹非凡。政和七年（1117)，宋徽宗下诏："广东之民，多用白巾，习夷风，有伤教化，令州县禁止。"这说明蕃人的风俗对广州人的影响十分广泛。

蕃坊中还有光塔。光塔又名怀圣塔，位于怀圣寺中，始建于唐朝，"高十六丈五尺，其形圆，轮囷（qūn）直上，至肩膊而小，四周无楯栏、无层级"。它有风向标和航标的功能。与光塔齐名的，是位于西城北部的花塔。花塔又称六榕寺塔、千佛塔，位于六榕寺（又称净慧寺）内，始建于南朝梁大同三年（537），重建于绍圣四年（1097），“其形八方，凡九级，高二百七十尺。上有铜柱，柱上一金宝珠，以铜周回为圜（huán），一级一圜，皆有铜链以护之。塔下有鲁般像，一手遮目仰视塔，所视处常为雷震去，凡数十朞（qì）之皆然”。元符三年（1100）九月，苏轼偕子到广州，游览净慧寺，即席手书“六榕”，六榕寺、六榕寺塔之名遂传于世。宋朝时，广州人在元宵节、中秋节有登花塔燃灯、祈求丰收的习俗，称为赛月灯。城内“各里巷亦垒瓦为塔，集薪爇之”，场面相当壮观。此习俗始于南汉（917—971）时，一直延续至清朝。光塔、花塔、怀圣寺、六榕寺至今犹存。

在西城中，还有一座知名的建筑共乐楼。共乐楼原名粤楼，又称越楼，元朝时改称远华楼，位于西澳（后称南濠）码头附近，高大雄伟。刘克庄诗曰：“吾生分裂后，不到旧京游。空作樊楼梦，安知在越楼。”共乐楼可以满足诗人关于汴京樊楼的回忆，可见热闹的程度不一般。

共乐楼的热闹是广州繁华的一个缩影。广州人历来多从事商贸，“南海务末者尤重”，“铸山煮海国以富强，犀象珠玉走于四方”。这带来了大量的财富。南朝时，有“广州刺史但经城门一过，便得三千万”之说。广州人嗜好食槟榔，消费强劲。南宋时，即使是中下收入的普通百姓，每天都要花费一百多文钱，官府槟榔税的收入因此不菲。另外，广州水网极其发达。城内有六脉渠（六条水渠），与西濠、越溪、文溪共同汇入玉带河，通向珠江。码头有西澳、东澳、光塔、西湖、扶胥等。这些使广州成为宋朝最大的海港。不仅海外贸易“唯广最盛”，而且城内有米、盐、香药、药材、花卉等当时较大的全国性集散市场。仅以香药为例，熙宁十年（1077），“明、杭、广州市舶司博到乳香计三十五万四千四百四十九斤”，“广州所收者则有三十四万八千六百七十三斤”，“是虽三处置司，实只广州最盛也”。广州的龙涎香全国知名，尤以吴氏为胜。临安有一个叫许道寿的人，以卖香药为业，竟然仿制龙涎香，可见其广受欢迎。

商贸的繁荣吸引了大量的人口。宋神宗元丰（1078—1985）年间，广州的户数超过十四万。完全可以说，作为一个大都会的广州，已然崛起。

题共乐亭

程师孟

千门日照珍珠市，万瓦烟生碧玉城。
山海是为中国藏，梯航尤见外夷情。

译文

阳光照射在珍珠市场的众多商店的门上；无数屋瓦上升起烟雾，城市像碧玉一样。

山峦与大江（指珠江）就这样成为中央之国的收藏，外国人登山渡海远道而来，格外表现出对广州的向往之情。

成都高光

淳化五年（994）五月，宋军攻入成都，擒获李顺（一说逃匿）。持续逾一年、席卷蜀地的王小波、李顺起义，就此失败。成都府随后降为益州。不久，成都在宋朝走向高光时刻的关键人物——知州张咏走马上任。

五代（907—960）时期，蜀地无兵连祸结。虽然遭遇时断时续的战争，但成都有唐一代积累的繁荣并没有损毁，甚至出现奢靡之风。宋朝平蜀之后，政策严苛，掠夺益盛。王小波、李顺起义之前，知府吴元载治理成都极严厉。王小波、李顺起义虽波及范围广，但持续时间短，破坏性不大。更重要的是，宋朝治蜀之策因此改变。张咏到任后，采取疏导的政策。蜀人以二月二日为踏青节。每到此日，“都人士女络绎游赏，缇幕歌酒，散在四郊”。但是，“历政郡守虑有强暴之虞，乃分遣戍兵于冈阜坡冢之上，立马张旗望之”。张咏为了安抚民心，亲率官员乘船游江，鼓励百姓“聚之为乐”。此举的效果立竿见影：“于是，郡人士女骈于八九里间，纵观如堵。……嬉游欢乐，倍于往岁，薄暮方回。”

丝纶图（局部） 宋·佚名

张咏之后的继任者，大抵采用他的政策。蜀地因此得以稳定二百余年。正是在这种稳定中，成都再度走向繁荣，直至高光时刻。嘉祐四年（1059），益州升为成都府。

朱熹的弟子祝穆晚年隐居建阳（今属福建南平），撰成七十卷《方舆胜览》，其中评价成都曰："地险物侈，国富民殷。工商结驷，宝薮珍藏。乐国丰壤，万商之渊。夜市三鼓，遨头宴集。"宋仁宗明道（1032—1033）年间，年近五十的柳永来到成都，被眼前的景象震惊，一扫四度落第的郁闷，作词《一寸金·小石调》，曰："井络天开，剑岭云横控西夏。地胜异、锦里风流，蚕市繁华，簇簇歌台舞榭。雅俗多游赏，轻裘俊、靓妆艳冶。当春昼，摸石江边，浣花溪畔景如画。"两人不约而同地道出成都繁荣的三个代表性方面：手工业、商业、游乐之风。

成都的手工业中，丝织业闻名天下。据统计，成都府路每年上供的丝织品数量不菲：锦绮、鹿胎、透背占全国总量的百分之七十四，绫占全国总量的百分之十三，纯（shī）纱、縠（hú）子、隔织、通身占全国总量的百分之二十，杂色匹帛占全国总量的百分之六十。

在众多丝织品中，蜀锦最为知名。据元人费著所撰《蜀锦谱》载，蜀锦的品名近五十种，规格有大被、中被、双连椅背、单椅背等，颜色有真红、皂色、青绿等，图案有宜男百花、瑞草云鹤、牡丹、穿花凤、水林檎、六金鱼、大百花孔雀、天马、飞鱼、雪花毬露、聚八仙等。蒲城（今属福建）人章岵曾在蜀地做官，一次携带吴罗、潮绫、川帛回京城，途中"经梅润，吴、湖之帛，色皆渝变，唯蜀者如旧"。章岵询问蜀人何故，答曰："蜀之蓄蚕，与他邦异。当其眠将起时，以桑灰喂之，故宜色。”此解释有故弄玄虚之嫌，但当时蜀锦染色的技术名列前茅是毫无疑问的。

蜀锦名贵，为保证上贡，成都知府吕大防于元丰六年（1083）创立织锦工场——成都府锦院。成都府锦院属官办，规模很大，占房屋一百二十七间，有织机一百五十四张，每天用工四百三十九人。工人们分工细致，“挽综之工百六十四，用杼之工百五十四，练染之工十一，纺绎之工百一十”。每年用丝十二万五千两，染料二十一万一千斤，织造“绨锦之精丽者千五百端”“小料易造之物一千三百余匹”。建炎三年（1129），为了用绫锦被褥与少数民族交换战马，都大茶马司建立茶马司锦院，并在应天寺、北禅寺、鹿苑寺设置工场。乾道四年（1168），茶马司锦院与成都府锦院合并，规模与产量更大。此外，成都民间的织锦也很发达。在吕大防的眼中，百姓织造紧张繁忙：“连甍（méng）比室，运机弄杼，燃膏继昼，幼艾竭足，以供四方之服玩。”陆游曾登上城墙，目睹民间织锦盛况，诗曰：“锦机玉工不知数。”他在木行街游玩时，看见一家规模较大的染坊：“过木行街，有大署市肆曰郭家鲜脆红紫铺。”成都“锦城”之名，绝非声闻过情。

世界上最早发行的纸币交子诞生于成都，与造纸业兴盛紧密相关。印刷交子用的楮纸，又称楮皮纸，用楮树皮制造而成。成都楮纸制造技术高超，不易伪造，质量优良，故用于印刷交子。宋神宗熙宁（1068—1077）年间，宋廷在成都南郊设置抄纸院，专门制造印刷交子的楮纸。宋度宗咸淳（1265—1274）年间印刷会子，仍然在使用成都楮纸。成都楮纸中的广都纸，有假山南、假荣、冉村、竹丝四个品种，用途广泛。

成都所产的笺纸也很优质，是造纸业兴盛的又一例证。唐朝名纸“薛涛笺”到宋朝时，仍有生产。“薛涛笺”是女诗人薛涛创制的一种彩色笺纸，因制造过程中使用浣花溪水，故又称浣花笺。明人宋应星《天工开物》载：“四川薛涛笺，亦芙蓉皮为料煮糜，入芙蓉花末汁。或当时薛涛所指，遂留名至今。其美在色，不在质料也。”与“薛涛笺”齐名的，是“谢公笺”。“谢公笺”为富阳（今属浙江）人、黄庭坚的岳父谢景初在成都做官时创制，因有深红、粉红、杏红、明黄、深青、浅青、深绿、浅绿、铜绿、浅云十色，故又称十色笺。“谢公笺”亦使用浣花溪水制造。对此，苏轼解释曰：“成都浣花溪水，清滑异常，以沤（ōu）麻楮作笺纸，紧白可爱。数十里外便不堪造，信水力也。”浣花溪一带集中了“数十百家”纸坊，是成都的造纸中心。

交子的诞生，离不开成都发达的雕版印刷业。交子最初“朱墨间错”，即用红、黑两色套色印刷。后来，改用红、黑、蓝三色套色印刷。这是套色印刷的开端。元丰元年（1078），负责交子印制、发行的交子务达到一百八十二人：监官二人，掌典十人，贴书六十九人，印匠八十一人，雕匠六人，铸匠二人，杂役十二人。开宝四年（971），《大藏经》在成都雕印，历时十二年完成，雕版逾十三万块。由此可见，成都雕版印刷业规模宏大、技术高超。

庆历八年（1048），田况知益州，数次游览南门、圣寿寺、大慈寺的蚕市。这些地方交易兴旺，不仅“齐民聚百货”，有繁多的商品出售，而且“野氓集广鄽，众贾趋宝坊”，“人声混乐音”，呈现出一派拥挤嘈杂的景象。除了蚕市，成都还有药市、麻市、花市、桂市、酒市、梅市、锦市、扇市、桃符市、七宝市等多个专门的市场，甚至形成“十二月市”。这些市场大都经营到深夜，丝毫不让于汴京、临安的夜市。知名的大慈寺市场在白天，“百工列肆，市声如雷”，“商列贾次，茶炉药榜，篷占筵专，倡优杂戏之类坌(bèn)然其中”；到了夜里，则“万里银潢贯紫虚，桥边螭辔待星姝”。政和六年（1116）五月，宋徽宗竟然为大慈寺下了一道禁令：“今后七夕，排当登寺门事可罢。”繁华程度无以复加。祝穆以“万商之渊”评价成都，实恰如其分。

自张咏亲率官员乘船游江之后，滥觞于唐末五代的游乐之风在成都大张。市场开市之时，就是游乐的大好时机。田况诗曰：“高会纵嬉遨，丰岁愈繁盛。”苏轼友人仲殊词曰：“成都好，蚕市趁遨游。”范成大友人陈造诗曰：“蜀民日为药市游，家说追欢不说愁。”岁时节庆，更是外出游乐。“成都自上元至四月十八日，游赏几无虚时”；夏日里，“轻衫短帽，相携洞府流觞。况有红妆。醉归来、宝蜡成行”；七夕、中秋、重阳、冬至等，自然免不了游赏宴乐。如此频繁的游乐，以至于“四方咸传，蜀人好游娱无时”。

官府十分支持民众游乐。上至知府，下至群吏，无不参与其中，而且有宴饮，游乐的场面盛况空前。知府因为率众游乐而得到别称“遨头”。庆历三年（1043），有官员因为官吏出游而上书宋仁宗，要求留人值班、看守仓库。

知府之所以能如此，是因为有专门用于招待的费用，即公使钱。公使钱的数目每年可达数万贯。王安石变法之后，成都“公使钱岁给三万贯”。知府赵抃“常廪廪虑不足”，只得节省开支。但是，仍旧坚持不取消宴饮，原因在于：“小民之鬻肴果者，但营慕供藉以为养，此游宴之不可废也。”有趣的是，嘉祐四年(1059)，宋祁从益州知州卸任回京之后，遭到御史中丞包拯弹劾，其中一个理由是他在益州游宴过度。

“十里珠帘都卷上，少城风物似扬州。”在繁荣中，成都迎来了高光时刻。

淳熙二年（1175）三月二日，成都知府范成大骑马游览繁华的城市，在北门上俯视长逾五千三百丈的街道，意气风发，写下上述诗句。绍兴十三年（1143)，成都知府张焘下令用砖铺砌街道，长二千余丈。范成大到任后，续修十四条街道，长三千三百六十丈，用砖二百余万块。用砖铺砌街道，是很稀奇的事。这次续修之后，成都一扫“地苦沮洳（jù rù)，夏秋霖潦，人行泥淖中，如履胶漆，既晴，则蹄道辙迹隐然纵横”的窘境，实现“雨不乘橇，骑不旋泞；徐行疾趋，俱从坦夷”。成都人纷纷奔走相告。数年后，陆游对成都魂牵梦绕，作诗曰：“不死扬州死剑南。”这才是成都这个“西南大都会”应该有的样子。

端平三年（1236）十月，蒙古军队破城，大肆屠杀、放火。“城中百姓无得免者，火光照百里”，“城中骸骨一百四十万，城外者不计”。时人吴昌裔曰：“昔之通都大邑，今为瓦砾之场；昔之沃壤奥区，今为膏血之野蛇。青烟弥路，白骨成丘，哀恸贯心，疮痏满目。”

“西南大都会”就这样凋零了。悲哉。

成都书事

陆游

剑南山水尽清晖，濯锦江边天下稀。
烟柳不遮楼角断，风花时傍马头飞。
芼羹笋似稽山美，斫（zhuó）脍鱼如笠泽肥。
客报城西有园卖，老夫白首欲忘归。

译文

剑门关南边的山和水都明丽秀美，锦江岸边的成都景色天下罕见。

郁郁葱葱的柳树掩映着楼阁，楼阁隐约可见；风中飘落的花瓣时时靠近马头飞舞。

用来和菜、肉一起做羹的笋，像会稽山的笋一样美味；用来切成脍的鱼，像太湖的鱼一样肥美。

客人报告说城的西边有园子出售，老夫我头发花白，打算在成都终老，想忘记回到故乡。

第三章 节庆

元宵狂欢

乾德五年（967）正月，宋太祖下诏："上元张灯，旧止三夜。今朝廷无事，区宇又安，方当年谷之丰登，宜纵士民之行乐，其令开封府更放十七、十八两夜灯。"此后，张灯五夜（即"五夜灯"）成为定例。一场以张灯、观灯为中心的元宵狂欢活动渐渐地拉开了帷幕。

张灯，又称燃灯、放灯、烧灯等。唐朝在元宵张灯，宋朝改成元宵及其前后一日张灯，所谓"三夜灯"。元宵前一日张灯称为试灯，元宵后一日或三日张灯称为收灯。冬至一过，在汴京宫城南门宣德楼的对面，就开始搭建山棚，上面挂灯，故有灯山之说。此时，游人聚集，"奇术异能，歌舞百戏，鳞鳞相切，乐声嘈杂十余里。击丸蹴踘，踏索上竿"，还有卖药、算卦之类的"奇巧百端"，热闹的气氛逐渐高涨。正月初七，"灯山上彩，金碧相射，锦绣交辉"。所谓"上彩"，指在灯上结彩饰，灯山由此又称为彩山。

正月十四，皇帝率众到五岳观迎祥池"对御（赐群臣宴）"整天，晚上出动华丽而烦琐的仪仗观灯山，营造与民同乐的热烈气氛。观灯山完毕后，皇帝登上宣德楼，游人聚集到楼下高呼“万岁”。宋仁宗每到此时，便派太监告诉宣从官：“朕非好游观，与民同乐。”大观元年（1107），开封府尹宋乔年在灯山中设置八个金色大字“大观与民，同乐万寿”。此举后来成为惯例，每年只改年号。

与皇帝程式化的活动迥然不同，民间完全沉浸在元宵的快乐之中。汴京城中家家户户张挂各式灯笼，争奇斗艳。有一种衮球灯，十分别致：“设机关于灯球内，以按灯盏，大率用衮香球制度。”一家名为“莲华王家香铺”的店铺，不仅“灯火出群”，而且让人“打花钹、弄椎鼓”，游人无不驻足。其他地方张挂灯笼也是盛况；苏州“卖药朱家灯烛之盛，号天下第一，以琉璃肖物之形，如牡丹、莲花、曼陀罗”；成都府“灯山或过于阙前，上为飞桥山亭”，“缉木为垣，其中旋植花卉旧，日捕山禽杂兽满其中，后止图刻土木为之”。南宋时，临安城内张挂灯笼丝毫不逊于汴京。宋宁宗庆元（1195—1200）年间，“巷陌爪札，欢门挂灯，南至龙山，北至北新桥，四十里灯光不绝。城内外有百万人家，前街、后巷、僻巷亦然”。有趣的是，女性还把灯笼作为饰物戴在头上，个中原因，“盖月下所宜也”。作为头饰的灯毬、灯笼如何在夜色下发光，令人难以捉摸，或可推测它们只是反射月光而已。名为“火杨梅”与“莲花牡丹灯碗”的女性元宵头饰，倒是熠熠生辉。

从冬至日开始，临安城内有多个舞队进行表演，一直到正月十六晚上收灯才解散。表演者装扮成各类人物、神鬼或动物，随着音乐舞蹈。装扮的视觉效果极强："官巷口、苏家巷二十四家傀儡，衣装鲜丽，细旦戴花朵肩、珠翠冠儿，腰肢纤袅，宛若妇人。"据《武林旧事》记载，舞队有七十一种表演事项，诸如查查鬼、长瓠敛、瞎判官、屏风、火药、地仙、旱划船、耍和尚、货郎等，可谓光怪陆离。近代学者王国维认为，"其中装作种种人物，或有故事"。在今日有些地区春节或元宵的巡游表演中，能看到类似的场景。元宵节晚上，舞队的表演达到高潮。

临安城内有一种将谜语（时称隐语）写在灯笼上供人赏猜的玩法。通常认为，这就是灯谜的起源。宋朝时，谜语游戏盛行，苏轼、黄庭坚、秦少游、王安石等都是爱好者。瓦舍中有以猜谜语为内容的表演，即商谜。临安城内有隐语组织："隐语则有南北厚斋、西斋，皆依江右。谜法、习诗之流，萃而为斋。"不过，近代学者王文濡则认为灯谜出现于宋仁宗时期（1023—1063）："旧籍相传，宋仁宗时……上元佳节，金吾夜放，文人学士相与装点风雅，歌颂开平，拈诗成谜，悬灯以招猜者。"言下之意，灯谜是悬挂在灯笼上，与"剪写"在灯笼上不同。据宋朝谜语盛行的情形来看，这种说法亦有合理性，只是"旧籍"无从查考。

南宋时，用火药制作的烟花十分精致，有在地上燃放的"地老鼠"。宝庆元年（1225）元宵当天，宋理宗宴请杨太后，"既而烧烟火于庭，有所谓地老鼠者，径至大母圣座下。大母为之惊惶，拂衣径起"。"地老鼠"显然是新鲜玩意儿，故杨太后受到惊吓。但这也是小打小闹。临安元宵之夜，"宫漏既深"，皇宫中"宣放烟火百余架，于是乐声四起，烛影纵横"。高门大户也不落其后："邸第好事者，如清河张府、蒋御药家，间设雅戏、烟火，花边水际，灯烛灿然。”围观者还会获赠美酒。

灯火交相辉映，各类节目接连上演。虽然夜已深，但高涨的欢乐气氛依然充满大街小巷。游人“曲巷横街一一穿”，流连忘返。晏殊诗曰：“三千世界笙歌里，十二都城锦绣中。行漏不能分昼夜,游人无复辨西东。”汴京、临安竟然有人在街上捡拾失物，称为扫街。人群拥挤的程度由此可以想见。不夜城的盛况，大概如此。

元宵节又是吃喝的狂欢节。汴京宫城晨晖门下集中了很多卖食物的商贩，随时准备满足皇帝的食欲。南宋时，皇帝直接下旨将商贩召进皇宫中卖食物，有人竟一夜暴富。皇帝及宫人所吃的都来自民间。南宋周密所撰《武林旧事》中，记录了二百余种食品，可见元宵食物的品种丰富多样。酒亦然。宋朝的酒业发达，饮酒流行，“点检所酒息，日课以数十万计”。元宵佳节，自是畅饮的好时机。

令人惊讶的是，元宵节狂欢给皇帝提供了张扬“与民同乐”的机会，却也不时地穿插着威吓和暴力。皇帝的仪仗队伍中，有专门的护卫人员。或“选诸军膂（lǚ）力者，着锦袄顶帽，握拳顾望，有高声者，捶之流血”，或“各顶帽，鬓发蓬松，着红缬（xié）杉，两手握拳，顾望导行，有拦驾者，捶之流血。驾近则列横门数十人，击鞭视从；围子三五重，皆执骨朵”。元宵之夜，汴京城人流涌动，“帅臣出街弹压”。正月十六晚上，举行公开宣判。临安城内，公开宣判的场面更加形式化，但威严的程度丝毫不减。城内还有刑狱机构举办的展览，具体而生动：“三狱亦张灯建净狱道场，多装狱户故事，及陈列狱具。”

当然，在欢乐的洪流中，威吓和暴力徒劳无益。这大概就是狂欢的力量吧。

青玉案·元夕

辛弃疾

东风夜放花千树，更吹落、星如雨。
宝马雕车香满路。
凤箫声动，玉壶光转，一夜鱼龙舞。

蛾儿雪柳黄金缕，笑语盈盈暗香去。
众里寻他千百度，蓦然回首，那人却在，灯火阑珊处。

㊟译文

像春风在夜里吹开了数千株树上的灯彩，又像吹落雨点一样的星星。

珍贵的马匹与华丽的车子驰骋，香气充满道路。

箫声飘扬，明月西沉，鱼形龙形的彩灯通宵达旦地舞动。

女子头上插着蛾饰、白花、金丝带，笑着说话，仪态美好地走过，淡雅的香气随之而去。

在人群中寻找她千百次也没看见，突然回头，她却在灯光稀疏的地方。

七夕乞巧

七夕节在七月七日，是确定无疑的事。到五代时，这事出了点儿小波折：竟然改在了七月六日。

赵匡胤建宋之后，一直沿用此日期。太平兴国三年（978）七月，宋太宗下诏曰："七夕佳辰，著于式令。近代多用六日，实紊旧章，讹俗相承，未之或改。自今以七日为七夕，仍令颁行天下为定制。"自此以后，七夕节定为七月七日，再无变更。

七夕节改在七月六日，只是北方人的习俗。根据宋太宗的诏令，这是因为"讹俗"。至于"讹俗"具体为何，则语焉未详。五代人丘光庭认为是避讳："必北朝帝王有当七日而崩者，故其俗间用六日之夕。南人不为之忌，不移七日之夕。"宋人王楙也认为这是"北俗"，但原因却不同："北俗，遇月三、七日不食酒肉，盖重道教之故，而七夕改用六日。"宋人王谠不走寻常路，看法大胆而且别出心裁："今人乃以七月六日夜为之，至明晓望于彩缕以冀织女遗丝，乃是七晓，非夕也。又取六夜穿七窍针，益谬矣。今贵家或连二宵陈乞巧之具，此不过苟悦童稚而已。"

七夕是七晓的论断是否合理无从考证。王说用于推论的元素“彩缕”“织女遗丝”“七窍针”“乞巧之具”，都属于宋朝七夕的主要活动——乞巧。

乞巧来源于牛女神话故事。牵牛、织女原为标记季节的星座：“织女之纪，指牵牛之初，以纪日月，故曰星纪。”秦朝时，牵牛、织女人格化，产生情感纠葛：“牵牛以取（娶）织女，不果，不出三岁，若弃亡。”成婚未果的情节为后来相会、爱情的发展创造了可能。汉朝时，牵牛、织女七月七日相会及鹊桥的传说出现，并伴有风俗活动：“七月七日，曝经书，设酒脯时果，散香粉于筵上，祈请于河鼓（即牵牛）、织女，言此二星神当会，守夜者咸怀私愿”，“织女七夕渡河，使鹊为桥”。风俗活动还有穿七孔针、束五色缕、曝衣。这些活动已与后世大致一样。此时期有“织女主瓜果”“织女主经纬丝帛之事”之说，后世陈列瓜果乞巧由是成为可能。魏晋时，牵牛、织女的夫妇关系得到确认。南北朝时，穿针乞巧与蜘蛛应巧的说法出现：“（七月七日）是夕，人家妇女结彩缕，穿七孔针，或以金银鍮（tōu）石为针，陈几筵、酒脯、瓜果于庭中以乞巧。有蟢子网于瓜上，则以为符应。”这也是乞巧最早的记载。此时期，人格化的牛女故事情节有所变化，但十分完整：“天河之东有织女，天帝之子也，年年机杼劳役，织成云锦天衣。天帝怜其独处，许嫁河西牵牛郎，嫁后遂废织纴。天帝怒，责令归河东，许一年一度相会。”织女与牵牛分离的原因，还有另外一种说法：“牵牛娶织女，借天帝二万钱下礼，久不还，被驱在营室中。”唐朝时，唐玄宗与杨贵妃每年七月七日用蜘蛛乞巧，民间效仿。到宋朝时，随着地点由天上移到人间、主角之一

七夕乞巧图（局部） 清·佚名

牵牛变身人间牛郎，牛女故事最终定型。

宋朝七夕乞巧广泛流行。汴京有潘楼、丽景门、保康门及睦亲门等处专门卖乞巧物品的市场，以潘楼最盛。乞巧的方式与前世类似，有穿针乞巧、以蜘蛛乞巧。乞巧用的针多样，有材质不同的针，如鍮石针、金针、银针等；有形制不同的针，如双眼针、五孔针、七孔针、九孔针等，没有实用价值。乞巧的场面有繁有简。富贵人家在庭院中用彩帛搭乞巧楼，普通人家则搭乞巧棚，棚内陈设牛女像。有的人家还用与水有关的节物供奉牛郎和织女。

汴京城中曾出现前后两天乞巧的奇妙情景："京师人家左厢以七月六日乞巧，右厢则以七夕乞巧。"根据前述南北习俗的差异，或可推断造成这种情景的原因，是左厢居民以北方人为主、右厢居民以南方人为主。至道元年（995），即七夕定为七月七日十七年之后，汴京方实行厢坊制。城中有居民不顾皇帝的诏令，仍然保持在七月六日乞巧，让人不得不承认习俗力量的强大。

伴随乞巧的，有种生、立巧竿的习俗。种生即制作豆芽或麦芽，与种生相关的，还有一种制作生花盆的习俗："京师每前七夕十日，以水渍绿豆或豌豆，日一二回易水。芽渐长，至五六寸许，其苗能自立，则置小盆中。至乞巧，可长尺许，谓之生花盆儿。亦可以为葅（zū）。"立巧竿即立竹竿。此记载见于嘉泰元年（1201）成书的《嘉泰会稽志》。据此推断，立巧竿或流行于江浙地区。

除乞巧外，宋朝七夕还有陈列磨喝乐、丐聪明等习俗。

磨喝乐又称摩睺罗、摩猴罗等，系梵语的音译，原意为神名。宋人将孩子状的偶人称为磨喝乐，寄托乞巧、祈子之意。磨喝乐多为泥偶，有装饰，价格不便宜。有的装饰华丽，有的用金银制作。到南宋时，制作极其精巧华丽，甚至用象牙、龙涎香制作。南宋朝廷的奢华之风，由此略见一斑。

丐聪明即乞聪明，流行于男孩间，与女子乞巧类似："七夕，京师诸小儿各置笔砚纸墨于牵牛位前，书曰：某乞聪明。诸女子致针线箱笥于织女位前，书曰：某乞巧。"从此处文字可以看出，七夕是女性和儿童的节日。这可以从《梦粱录》的记载得到验证："其日晚晡时，倾城儿童女子，不论贫富，皆着新衣。"

七夕的食俗也颇具特色。在汴京流行的果食，是用面、油、糖或蜜制作成的面食，而且花样百出，后世称其为乞巧果子或巧果。汴京有人在七夕当天食用煎饼。临安还流行茜鸡，即用茜草烧煮而成的鸡，制作方法大约类似今日的红烧。红爊（āo）鸡与茜鸡类似，也是七夕节食。江浙一带，还有吃巧的习俗："浙人七夕，虽小家亦市鹅鸭食物，聚饮门首，谓之吃巧。"食用鹅鸭与乞巧有何联系，查无实据，着实令人困惑不解。

牛女爱情浪漫凄美，七夕乞巧欢喜热闹。但是，在宋诗"开山祖师"梅尧臣的眼中，这一切完全变了味："织女无耻羞，年年嫁牵牛。牵牛苦娶妇，娶妇不解留。来往一夕光，奕奕河汉秋。轻传人世巧，未知何时休。"连才女朱淑真也觉得荒诞不经："天孙正好贪欢笑，那得工夫赐巧丝。"像两人一样抨击七夕的宋朝文人大有人在。这大概是让今日追捧七夕为中式情人节的潮人们大跌眼镜的事情吧。

鹊桥仙

严蕊

碧梧初出，桂花才吐，池上水花微谢。
穿针人在合欢楼，正月露、玉盘高泻。

蛛忙鹊懒，耕慵织倦，空做古今佳话。
人间刚道隔年期，指天上、方才隔夜。

㊟译文

梧桐刚刚长出碧绿的叶片，桂花不久前才散发出香气，池塘中的荷花凋谢。

做针线活的人在合欢楼，月光下的露水恰好成滴，月亮的清辉从高空流下。

蜘蛛忙于织网，喜鹊懈怠（没有搭起鹊桥），牛郎无心耕田，织女不想纺织，只想相会，可他两人的佳期却难被成全。

世间的人偏说期盼再来要经过一年，我指着天上说，那里只不过才过了一夜。

中秋盛行

尽管“中秋”一词在成书于两千余年前的《周礼》中就已出现，但中秋节始于何时，至今仍是一桩悬案。

流行的看法是唐朝说、宋朝说。

在有关唐朝的文献中，中秋节的史料仅有两条。一是出自日僧圆仁的著作《入唐求法巡礼记》：“(开成四年八月）十五日，寺家设馎饦（bó tuō）、饼食等，作八月十五之节。斯节诸国未有，唯新罗国独有此节。老僧等语云：‘新罗国昔与渤海相战之时，以是日得胜矣，乃作节，乐而喜舞，永代相属不息。设百种饮食，歌舞管弦，以昼续夜，三个日便休。’今此山院追慕乡国，今日作节。”二是出自清朝官修类书《渊鉴类函》：“《唐太宗记》：八月十五日为中秋节，三公以下献镜及盛露囊。”有论者根据圆仁的记载，认为中秋节是在唐朝时从新罗（位于朝鲜半岛的古国）传入的。这样的观点荒诞不经。且不说新罗文化的影响力，单就圆仁的记载而言，它只是传说而已，不足为凭。至于《唐太宗记》，到底是何书或出自何书，查无实据，其下内容应为讹传或误记。

唐朝说并没有受到史料缺乏和不可信的影响。唐代，每年八月十五玩月之风日渐浓厚。另外，唐朝诗文中有众多关于中秋或八月十五的描述，涉及玩月、宴饮、团圆等。这些与后世中秋节的习俗一致，是唐朝说支持者的论据。

绍兴十七年（1147），避地江左的开封人孟元老撰成《东京梦华录》，遍记汴京风物，其中有“中秋”条，明确提到中秋节名称：“中秋节前，诸店皆卖新酒。”嘉泰三年（1203），《庆元条法事类》颁行，其中规定中秋放假一天，并归入“节假”之下。在宋末元初人吴自牧所著《梦粱录》中，也提到中秋节：“八月十五中秋节，此日三秋恰半，故谓之中秋。”这三条记录是宋朝说支持者确凿不移的证据，引用广泛。

唐朝说、宋朝说各有根据，难分高下。不过，唐朝诗文中关于中秋或八月十五的内容，毕竟只是文人对自己生活状态的描述，反映的也只是文人群体的风气，是否全民参与则难以确证。宋朝时，在中秋到来之际，从皇家到豪门贵族，从文人士大夫到黎民百姓，无不享受节日的欢乐，真正可谓是全民参与、全民盛行。

熙宁二年（1069）中秋，宋神宗召王珪共度佳节。此次中秋，宋神宗仅以赏月、宴饮、论诗文度过，比较简单安静。汴京皇宫内的活动通常是声乐大作，十分热闹：“近内庭居民，夜深遥闻笙竽之声，宛若云外。”临安皇宫中赏月、宴饮的场面，有过之而无不及：“禁中是夕，有赏月延桂排当，如倚桂阁、秋晖堂、碧岑，皆临时取旨，夜深天乐直彻人间。”淳熙九年（1182）八月十五，宋孝宗白天与宋高宗在“过射厅射弓，观御马院使臣打球，

月色秋声图　南宋·马和之

进市食，看水傀儡”，晚间在临水的香远堂宴饮赏月，“南岸列女童五十人奏清乐。北岸芙蓉冈一带，并是教坊工，近二百人。待月初上，箫韶齐举，缥缈相应，如在霄汉。……是夜隔江西兴，亦闻天乐之声”。

豪门贵族中秋的活动以赏月、宴饮为主，气派不凡。嘉泰元年（1201），出身世族的官员张镃记录了自己中秋的安排：“中秋，摘星楼赏月，家宴。”寥寥九字，看似平常，实际大有乾坤。张镃素有豪奢之名，“其园池声伎服玩之丽甲天下”。宴饮时，“满坐群妓，以酒肴丝竹次第而至，别有名姬十辈”；结束时，“歌者、乐者无虑数百十人，列行送客，烛光香雾，歌吹杂作，客皆恍然如仙游也”。如此豪门，中秋赏月、家宴的豪华程度必定一时无两。

文人士大夫过中秋，在赏月、宴饮、歌舞之间，以诗词唱和寄情表意，是必备的“节目”。明道元年（1032）中秋，时任参政知事的晏殊设宴，召来好友宋祁，“出妓饮酒赋诗，达旦方罢”。第二年，宋仁宗将晏殊外放，晏殊遂将同朝好友王君玉招至幕下，每天以赋诗饮酒为乐。此后一年中秋，天气阴暗，晏殊早早躺下休息，“君玉亟为诗以入，曰：‘只在浮云最深处，试凭弦管一吹开。’公枕上得诗，大喜，即索衣起，径召客，治具大合乐。至夜分，果月出，遂乐饮达旦”。庆历八年（1048），欧阳修知扬州。是年中秋，设宴招待许发运、梅尧臣、王君玉等好友。席间音乐大作，红粉曼舞。尽管无月，众人仍兴致盎然。欧阳修作诗曰：“仍约多为诗准备，共防梅老敌难当。”梅尧臣唱和：“曾非恶少休防准，众寡而今不易当。”王君玉赋诗后，欧阳修唱和：“客舟闲卧王夫子，诗阵教谁主将坛?”梅尧臣也唱和：“更爱西垣旧词客，共将诗兴压曹刘。”友人之间的惺惺相惜之情溢于言表。熙宁九年（1076）中秋，任密州（今山东诸城）知州的苏轼，想念分别已七年的弟弟苏辙，“欢饮达旦，大醉”，作《水调歌头》，至今传诵不衰。

文人士大夫过中秋以诗词寄情表意，体现的是士人阶层的风雅情怀和独特精神追求。黎民百姓过中秋，更多的是世俗化的快乐。这快乐不仅有物质丰富带来的享受，还有沉浸在节日气氛中忘我情绪，“夜市骈阗，至于通晓”，“灯烛华灿，竟夕乃止”，“此夜天街卖买直至五鼓，玩月游人婆娑于市，至晓不绝”。

宋人中秋活动除赏月、拜月、宴饮之外，还有放水灯。苏轼《中秋见月和子由》诗曰：“何人蚁舟临古汴，千灯夜作鱼龙变。”诗中自注：“是夜，贾客舟中放水灯。”可见汴京人中秋放水灯十分普遍。临安人也是这样：“此夕，浙江放‘一点红’羊皮小水灯数十万盏，浮满水面，烂如繁星，有足观者。或谓此乃江神所喜，非徒事观美也。”据此推断，大约放水灯是为祭奠水神，祈求平安。

南宋时，钱塘江潮水每年八月达到高峰，故临安流行中秋观潮。中秋前后，临安人纷纷走出家门观潮。权贵租下楼阁，占据高处，以方便观潮。连皇帝也有观潮的惯例。在观潮期间，官府与民间有弄潮活动。官府的弄潮活动与水军演习结合在一起，场面壮观刺激，而且颇具表演性。民间弄潮的都是个人行为，所以经常有人命丧潮水中，酿成惨剧。官府屡屡禁止，但收效甚微。

值得注意的是，唐朝诗文中涉及团圆的内容大多为思念或离别，宋人的生活中已经出现中秋重要的习俗——阖家团圆。熙宁四年（1071）中秋，官员孔平仲与全家团聚宴饮："后阁罗甥妹，前堂合弟兄。团圆最相称，尽饮至深更。"到南宋时，全家团聚宴饮已是寻常之事："至如铺席之家，亦登小小月台，安排家宴，团圆子女，以酬佳节。"淳熙十三年（1186）中秋之夜，官员王炎与家人欢聚一堂："免与朋侪争翰墨，聊呼儿女具杯盘。"前文张镃设家宴，也是例证。

今人流传甚广的一个说法是，象征团圆的中秋美食——月饼出现于宋代。此说法主要有两个依据：一是"月饼"一词在宋代已有记载，二是苏轼的诗句"小饼如嚼月，中有酥与饴"。两者均经不起推敲。"月饼"一词见于《武林旧事》，但列于"蒸作从食"之下，属于众多蒸制点心的一种，与中秋及团圆没有必然的联系。苏轼的诗句出自《留别廉守》，此诗叙述诗人与朋友饯别的情景。"小饼"只是一种形状像月亮一样圆的馅饼而已，与中秋及团圆也无联系。其实，月饼成为中秋流行的美食，还要等到近百年之后的明朝。故可以认为，作为中秋美食的月饼出现于宋代，纯属无稽之谈。大概中秋盛行于宋朝，容易让人们以讹传讹吧。

水调歌头

苏轼

明月几时有？把酒问青天。
不知天上宫阙，今夕是何年？
我欲乘风归去，又恐琼楼玉宇，高处不胜寒。
起舞弄清影，何似在人间？

转朱阁，低绮户，照无眠。
不应有恨，何事长向别时圆？
人有悲欢离合，月有阴晴圆缺，
此事古难全。但愿人长久，千里共婵娟。

译文

明亮的圆月什么时候出现呢？我端起酒杯询问上天。

不知道天上的月宫里，今晚是什么日子。

我想乘风回到月宫，又担心美玉做成的楼阁虽然富丽堂皇，但高处的寒冷我经受不住。

跳起舞蹈，与自己清朗的身影嬉戏，月宫哪里比得上人世间？

月光转过朱红色的楼阁，低低地洒在雕饰华丽的门窗上，照着没有入睡的人。

月亮不该对人们有怨恨，可为什么总是在人们分离的时候变圆呢？

人们有悲欢离合的际遇，月亮有阴晴圆缺的状态，这些事自古以来就难以圆满。

只是希望亲人长久健在，即使隔着千里也可以一起享受美好的月光。

仙女乘鸾图　宋·佚名

花朝风光

今天提起花朝节，读者诸君会觉得有些许陌生。但在宋朝，它却是一个流行的节日。

花朝节，顾名思义，与花有关。花的历史在古籍中的记载多且广泛，这使花朝节出现了一些难以确定的情况。

《陶朱公书》载："二月十二日为百花生日，无雨，百花熟。"后世以二月十二为花朝节。陶朱公是春秋时期范蠡的自号，有人据此断定花朝节始于春秋时期。《风土记》曰："浙江风俗言：春序正中，百花竞放，乃游赏之时，花朝月夕，世所常言。"此书由晋人周处编撰而成，此段文字因此被认为是晋朝过花朝节的证据。《陶朱公书》与《风土记》今已佚失，前文所引文字均出自清人著作，是否正确无从考证。春秋时期、晋朝是否有花朝节，故而存疑。

"花朝"一词不晚于南北朝已经出现。梁元帝《春别应令六首·其一》诗曰："花朝月夜动春心，谁忍相思不相见。"诗中"花朝"的本意为花朵开放的早晨，喻意为美好的时光。江总《侍宴玄武观》诗曰："诘晓三春暮，新雨百花朝。"诗中"花朝"的意思为花朵开放的早晨。唐朝诗文中，"花朝"频繁地出现。例如，白居易《祭崔相公文》诗曰："竹寺雪夜，杏园花朝。"司空图《早春》诗曰："伤怀同客处，病眼却花朝。"《旧唐书》载："(郯王罗威）每花朝月夕，与宾佐赋咏，甚有情致。"三处诗文中"花朝"的意思或为花朵开放的早晨，或为美好的时光。它们均与花朝节无关。所以不能以"花朝"一词断定花朝节存在于南北朝或唐朝。

不过，唐朝风行游春赏花。《辇下岁时记》载："长安士女游春野，步遇名花，则设席藉草，以红裙插挂，以为宴幄，其奢侈如此。"韦同则《仲月赏花》诗曰："梅花似雪柳含烟，南地风光腊月前。把酒且须拼却醉，风流何必待歌筵。"白居易《白牡丹和钱学士作》诗曰："城中看花客，旦暮走营营。"唐朝进士及第，在曲江杏园设宴，派两名年龄最小的遍游全城名园，探访名花，如果有人先于两人折走名花，则两人皆被罚。此宴因此称为探花宴，探访名花的人称为探花使。后世花朝节有游春赏花的习俗，有人据此认为，花朝节始于唐朝。但是，唐朝没有花朝节的记载，故此说也很可疑。

花朝节始于唐朝的另一证据，是武则天令宫女制作花糕赏赐大臣之事："唐武则天花朝日游园，令宫女采百花，和米捣碎蒸糕，以赐从臣。"此事为明人的记载，与花朝日、花朝节食花糕的说法，没有唐代的史料可以印证。故将此事作为花朝节始于唐朝的证据，并不可靠。

南宋人吴自牧所撰《梦粱录》中，明确地提及花朝节："仲春十五日为花朝节。”可见花朝节最晚出现于南宋。这可以从南宋文人的作品中得到证明。葛起耕《春怀》诗曰：“过了花朝日渐迟，相将又是禁烟时。”刘辰翁《花朝请人启》载：“亲朋落落，慨今雨之不来。节序匆匆，抚良辰而孤往。辄修小酌，敬屈大贤。”文天祥《与湖南交代廖提刑》载：“宋史君某遂于正月末解维而西，先花朝四日抵云舍。”刘公子《虞美人》词曰：“搀先四日花朝节，红紫争罗列。”这些作品中的“花朝”和“花朝节”均指花朝节当天。宋金时期“北方文雄”元好问《浪淘沙令》词曰：“长日篆烟消，睡过花朝。”由此推知，花朝节也是北方人的节日，不仅仅存在于南方。

清人汪灏所编《广群芳谱》载：“《翰墨记》：洛阳风俗，以二月二日为花朝节，士庶游玩，又为挑菜节。……《诚斋诗话》：东京二月十二日花朝，为扑蝶会。”据此条记载推断，北宋时期也有花朝节，但各地时间不一。这个推断或许不可靠。元人所撰《群书通要》引《诚斋诗话》曰：“东京二月十五日为扑蝶会。”清人顾禄所撰《清嘉录》载：“然《翰墨记》以二月十二日为花朝。”这两条与《广群芳谱》的记载不一致。究竟哪一个是正确的，则无从考证。至于日期差异，有人认为是不同地区或不同历史时期的气候不同造成的。

不管花朝节的记载是否一致、日期如何差异，可以确定的是：宋朝已有花朝节，节日活动包括游赏、扑蝶、挑菜、劝农等。

花朝节之时，春光大好，临安人纷纷出城游赏，游赏少不了宴饮。戴复古《花朝侄孙子固家小集》诗曰：“今朝当社日，明日是花朝。佳节唯宜饮，东池适见招。”临安人最喜欢去的地方有多处，其中，最知名的要数包家山的桃花，不仅层叠浓密，“最是包家山桃开浑如锦障，极为可爱”，而且连绵不断，“春间桃花数里，艳色如锦，杭人游宴甚夥”。

扑蝶是春日里女子玩的一种游戏。宋朝花朝节时，女子玩扑蝶。所扑之蝶究竟是真蝴蝶还是由女子扮演，则无从知晓。

挑菜指采撷蔬菜。唐宋时以二月二日为挑菜节。这一天，皇宫中举办盛大的挑菜宴：“二日，宫中排办挑菜御宴。先是，内苑预备朱绿花斛，下以罗帛作小卷，书品目于上，系以红丝，上植生菜、荠花诸品。俟宴酬乐作，自中殿以次，各以金篦（bì）挑之。后妃、皇子、贵主、婕妤及都知等，皆有赏无罚。”民间也流行挑菜。张耒甚至以天降大雨而未能挑菜为憾：“久将菘芥芼南羹，佳节泥深人未行。想见故园蔬甲好，一畦春水辘轳声。”春日新菜长成，正是品尝佳时。人们在花朝节挑菜，也是应季之举。

花朝节当天，地方官员要到郊外劝农。所谓出郊劝农，指在郊外举办仪式，朗读劝农文。劝农文大多佶屈聱牙，官员朗读显然是照本宣科，索然无味。南宋理学大家真德秀有诗讽刺这种行为：“是州皆有劝农文，父老听来似不闻。只为空言难感动，须将实意写殷勤。”为了召集百姓听读，临安官员以免费的酒食为手段，这也算是一种“将实意写殷勤”了。仪式完毕之后，官员们“即自携酒肴妓女，宴赏竟夕”，完全是借机纵乐狂欢。这种情况是普遍现象。绍兴二十年（1150）六月，宋高宗命令有司立法禁止。

花朝节还有燃灯的风俗。易士达有《花朝燃灯》诗，曰：“唤起园丁葺小园，喜逢社友访林泉。莺花世界春方半，灯火楼台月正圆。闲不待偷皆乐地，趣随所得到吟边。丁宁莫划庭前翠，留与游人伴醉眠。”前述张炎《风入松》词中“锦灯重见丽繁星”之句，也是例证。

游赏、扑蝶、挑菜、劝农、燃灯并非花朝节专有的节俗，与上巳节、中和节等相同。这大概是花朝节逐渐淡出人们生活的原因之一吧。

前调·寿湛庐先生

张辑

鹊喜花间晓。
惜凝香、代将帘卷，海棠开早。
前度登楼清啸月，吹入春风不老。
后五日、花朝方到。
趁舞罗衣花讯暖，捻吟髭、玉勒迎东笑。
留肯往，春邮小。

庐峰青里壶天好。
一千春、棋声昼永，剑光云表。
绛雪骊珠看丹转，金鼎龙盘虎绕。
且未可、飞仙蓬岛。
河洛烟芜眠狐兔，握风雪、办此升平了。
却共我，拾瑶草。

译文

喜鹊在花朵间高兴地鸣叫，迎接天亮。

香气凝聚令人爱怜，代替人把帘子卷起，原来是海棠花早早地开放。

上一次登上楼阁，对着明月清越悠长地吟诵；春风吹进来，永远停留。

要到后天，花朝节才来。

丝帛衣服舞动，花朵宣告温暖的来临，我抚摩胡须诵读诗句，骑着马朝着东方笑。

心甘情愿地时停时走，身后的驿站在春光里越来越小。

庐山葱郁，风景美好。

落棋子的声音在漫长的白昼里响着，能持续一千年，佩剑的光芒射到云外。

红花形与宝珠形的文饰守护着仙丹转动，龙形与虎形的文饰缠绕着金色的鼎炉。

尚且不能成为飞往蓬莱山的仙人。

像狐兔一样的坏人占据着草丛云烟迷茫的河洛地区，掌控风雪，致力结束这太平。

却只能和我一样，做一个捡拾仙草的仙人。

第四章　女性

职业自立

淳熙六年（1179）三月十六日，宋高宗酒后乘船游览西湖，遇到卖鱼羹的宋五嫂，赏赐给她财物。宋五嫂是汴京人，随宋室南渡至临安。这次相遇之后，声名鹊起，竟成富婆。明人冯梦龙作诗感叹：“一碗鱼羹值几钱？旧京遗制动天颜。时人倍价来争市，半买君恩半买鲜。”

汴京百姓“每生女则爱护如捧璧擎珠，甫长成则随其资质教以艺业”。厨艺就是其中的一种。经过多年的学习，很多女性都成为烹饪技艺高超的厨娘。宋高宗有一位刘姓女御厨，不仅“敏于给侍”，而且以擅长做干肉出名。梅尧臣家中有一位年老的厨娘，擅长“斫鲙”，在汴京独一无二。欧阳修、刘原甫等人“每思食鲙，必提鱼往过”，梅尧臣“得鲙材，必储以速诸人”。浦江（今属浙江）吴氏将家中制作食物的方法编成食谱，有近百种之多，流传至今，是为《吴氏中馈录》。

厨娘因为技艺高超而身价暴涨，“非极富贵家不可用”。宋理宗宝祐（1253—1258）年间，一名太守退休回家乡婺州后，从京城临安请了一名二十余岁的厨娘。厨娘“容止循雅，红衫翠裙”，带着手下人到达后，要求“以回轿接取，庶成体面”，太守照办。厨娘所用的锅碗盆勺“熣烂耀目，皆是白金所为”，“至如刀砧杂器，亦一一精致”。食料只取精华部分，剩下的“皆非贵人所食矣”，全部丢弃。做成的菜品果然不同凡响。宴饮结束后，厨娘拿出一份其他官员的赏赐清单，要求太守赏赐。按照清单上的标准，“每展会支赐绢帛或至百匹，钱或至三二百千，无虚拘者”。太守无奈，只得按此标准赏赐，私下里感叹说：“吾辈事力单薄，此等筵宴不宜常举，此等厨娘不宜常用。”过了不到两个月，找了个借口，打发厨娘回京。厨娘如此身价和排场，竟然吓退太守，收入定然不菲。

一些厨娘转而经营食品，靠厨艺立足。宋五嫂是其中的典型代表。汴京人李婆婆的遭遇与宋五嫂有些类似，两人制作的食物都得到宋高宗的青睐。淳熙五年（1178）二月初一，宋高宗命人出皇宫买食物，其中有李婆婆做的杂菜羹。宋高宗品尝之后，赏赐给她财物。还有一些女性没有厨艺，为了生存也经营食品。比阳（今河南泌阳）富人王八郎的妻子在离婚后，“买饼罂之属列门首，若贩鬻者”，到女儿及笄出嫁时，“所蓄积已盈十万缗”。汴河岸边有一位卖粥的妇人，“日以所得钱置缿（xiàng）筒中，暮则数而缗之”。饶州人董国度在靖康之变后独自留在北方，弃官贫落。一个旅店的店主可怜董国度漂泊穷困，为他买来一名“性慧解，有姿色”的女子做妾。此女子既有办法，又能吃苦，靠卖面粉置下田宅。南宋舒岳祥有诗描述卖鱼的妇人，“江上提鱼妇，朝朝入市闉（yīn）。宁船留稚子，换酒醉良人”，还有卖菜的妇人：

“卖菜深村妇，休嗟所获微。芜菁胜乳滑，莱菔似羔肥。”

除了食品，宋朝女性从事的商业经营还有多种，包括旅店、茶肆、酒肆、药店或做牙侩等。

元祐（1086—1093）年间，安丰（在今安徽寿县南）倡女曹三香生病贫穷，“为客邸以自给”。临安王妈妈在中瓦内经营一家茶肆，名叫“一窟鬼茶坊”，是“士大夫会期朋约友会聚之处”，想来环境雅致。两宋之交人庄绰在严州（今浙江建德）见到一名开茶肆的妇人少艾，“鲜衣靓妆，银钗簪花，其门户金漆雅洁”。涟水（今属江苏）支氏夫妇共同经营旅店。淳熙（1174—1189）年间，福州游氏夫妇也共同经营小茶肆。

福唐（今福建福清）有一名老媪卖酒，“常酿美酒，士人多饮其家”。一名举人告诉她在酒帘上写“下临广陌三条阔，斜倚危楼百尺高”两句诗，必定大卖。她请人写好后，“自此酒售数倍”。时任福州知府王逵大喜，将她召到府中，“与钱五千，酒一斛，曰：‘赐汝作酒本。’”原来，这两句诗是王逵“咏酒旗诗也，平生最为得意者”。汴京有王小姑酒店，颇为知名。乾道六年（1170），陆游入蜀赴任，曾向江边妇人买酒。永年（今属河北邯郸）监兵方武去世后，他的妻子独居鄱阳（今属江西），私下酿酒卖给酒店。

绍兴十七年（1147），泉州街头出现一名“一足妇人”，“货药于市，二女童随之，凡数日”。临安朝天门太庙前，有陈妈妈泥面具风药铺。在赏新楼前夜市中，有“仙姑卖食药”。汴京城踊路街边，有丑婆婆药铺。有的卖药女性兼具医术。潭州（今湖南长沙）赵太尉家乳母患烂眼皮病近二十年，一名卖药老媪用皂纱蒙其眼，滴覆盆子的汁液于眼下缘。宋徽宗时宰相赵挺之的父亲在大名府（今河北大名）做官时，有一次患黄疸，一名妇人“善烙黄”，“取铁匕烧热，上下熨烙数处，黄色应手退，翌日脱然”。

牙侩又称牙子等，是撮合买卖的中间人。女性牙侩称为女侩、牙嫂、牙婆等，多为介绍人口买卖。宁德（今属福建）人陈普有诗描述古田（今属福建）牙嫂的形象：“插花作牙侩，城市称雄霸。梳头半列肆，笑语皆机诈。新奇弄浓妆，会合持物价。愚夫与庸奴，低头受凌跨。”她们打扮时尚，机灵狡诈，不仅能把持交易价格，而且颇有势力，与受欺凌的女性形象迥异。在临安，牙嫂分官私两种。有的牙嫂利用业务之便，非法贩卖人口。官员黄友勾结程牙婆、潘牙人，贩卖三名女仆。案发后，黄友“勘杖一百，押出本路界”，程牙婆、潘牙人逃跑，判官要求“追上潘牙人、程牙婆两名，各从杖八十讫”。从陈普诗中的描述来看，程牙婆干出这种非法之事，并非偶然。

经商的女性多处社会下层。她们能够靠自己的技艺和劳碌立足，改变生活，得益于宋朝商品经济的蓬勃发展。有了收入，对提升她们的自信与地位不无裨益。“橐（tuó）里腰钱去，街头买肉归”，这种在消费中透出的自信，建立在有收入的基础上。前述太守满足厨娘“以回轿接取，庶成体面”的要求，也是例证。

这完全是时代的喜剧。

朱娘曲

叶适

忆昔剪茅长桥滨，朱娘酒店相为邻。
自言三世充拍户，官抛万斛嗟长贫。
母年七十儿亦老，有孙更与当垆否？
后街新买双白泥，准拟设媒传妇好。
由来世事随空花，成家不了翻破家。
城中酒徒犹夜出，惊叹落月西南斜。
桥水东流终到海，百年糟丘一朝改。
无复欢歌撩汝翁，回首尚疑帘影在。

译文

回忆过去在长桥边建房居住，与朱娘的酒店做邻居。

朱娘自称家中三代经营小酒铺，官家办的酒店随意抛弃一万斛粮食，她却感叹长年贫穷。

母亲年龄七十岁，自己也大了，有孙子是不是又让他卖酒呢？

在后街新买了加倍数量的白色涂料翻新房屋，准备安排媒人宣传自己是好的女子。

自古以来世间的事像虚幻的繁花，

不能结婚反而耗尽家产。

城里嗜酒的人还是晚上出来，惊讶地赞叹明月向西南方倾斜。

桥下的水向东流，最终汇入大海；酒糟一百年堆积如山，忽然有一天就改变。

不再有欢歌逗引你这样的男子，回头看看还以为酒旗的影子仍然存在。

服饰时尚

淳化三年（992），在汴京的妇女中，一种叫“鱼媚子”的面饰突然爆红。

所谓“鱼媚子”，指将黑光纸剪成圆点贴在面颊上（即团靥），同时贴上镂花的鱼鳃骨。这种面饰充满不祥的征兆：“黑，北方色；鱼，水族，皆阴类也。面为六阳之首，阴侵于阳，将有水灾。”第二年果然应验：“明年，京师秋冬积雨，衢路水深数尺。”不祥的征兆与结果，并没有阻止“鱼媚子”的流行。这是宋朝妇女追求服饰时尚化风气的典型例证。南宋隐士周烨的回忆可为佐证：“烨自提孩见妇女装束，数岁即一变。”

宋朝妇女的装扮承继唐朝、五代余风，浑身上下尽是时尚。她们崇尚高髻，髻上的饰物丰富多样，有鸟、花、凤、蝶等各种形状的簪钗，以及形制复杂的冠子。簪钗用金银珠玉等制成，做工精细，价值昂贵，尽显奢华之气。冠子即冠饰，分礼冠、便冠两种。礼冠为后妃命妇佩戴，形制随命妇的身份、地位不同而不同，有森严的等级制度。便冠为妇女在日常生活中佩戴，种类多

宫女图 南宋·刘松年

样，有不同材料制作而成的珠冠、花冠、白角冠、鱼枕冠和鹿胎冠，有造型不同的团冠和垂肩冠等。

珠冠用珍珠连缀而成，多为贵妇和富家女所佩戴。宋宁宗时宰相韩侂胄（tuō zhòu）权倾一时，有人为讨好他，送给他十名婢子，“翼日，都市行灯，十婢皆顶珠冠而出，观者如堵”。

花冠是用鲜花或仿生花制成的冠子。宋人喜爱簪花，故花冠极为流行。汴京人婚礼中，新郎、新娘在喝完交杯酒之后，要将花冠扔到床下。十月十二日，汴京官员、王室齐聚皇宫，为皇帝祝寿，乐舞女子打扮时尚奢华，花冠是装束之一。正月十五，临安的乐妓头戴杏花冠，等待客人招徕。在各种花冠中，一年景花冠较为特别。靖康元年（1126），汴京妇女纷纷用四季代表性的花朵制作花冠、装饰首饰和衣服。一年景花冠的风尚一直延续到南渡之后。临安人嫁娶时，男方如果是富贵或仕宦之家，聘礼中会有四时冠花。

白角冠又称内样冠，是用白角制成梳子作为装饰的冠子，大约兴起于宋仁宗时期：“仁宗时，宫中以白角改造冠并梳，冠之长至三尺，有等肩者，梳至一尺。”如此形制，可谓夸张奢侈，而且迅速从皇宫传至民间，“人争效之”，成为时尚。

鱼枕又称鱼魫，指鱼的头骨。用鱼的头骨装饰的冠子称为鱼枕冠。鱼枕冠较为流行，汴京、临安的街头有以修补、清洗鱼枕冠为业的商贩。苏轼有诗作《鱼枕冠颂》，曰：“莹净鱼枕冠，细观初何物。……汤火就模范，巉然冠五岳。”

鹿胎冠指用胎鹿皮制作的冠子。可以想见，其制作过程颇为残忍。但是，这并没有阻止鹿胎冠的流行。景祐三年（1036），中

书门下官员上书宋仁宗称："臣庶之家，多刳鹿胎以为冠饰，比来寖盛。"于是，宋仁宗严令禁止。同时，对告发采捕鹿胎及佩戴、制作鹿胎冠者予以奖励。禁令赏罚分明，效果必然显著："自是鹿胎无用，而采捕者亦绝。"不过，到了南宋时，鹿胎冠再度流行。绍兴二十三年（1153），"士庶家竞以胎鹿皮制妇人冠，山民采捕胎鹿无遗"。

团冠用竹篾编制而成，呈圆盖形："俄又编竹而为团者，涂之以绿，浸变而以角为之，谓之团冠。"淳熙三年（1176）十月庆圣节，宋孝宗的皇后谢氏戴团冠。团冠用珠翠装饰，称为珠翠团冠。临安仕宦之家娶亲，送女方的聘礼之一是珠翠团冠。有的团冠插角作为装饰，如白角团冠。宋哲宗时，太皇太后高氏、皇太后朱氏曾戴白角团冠。团冠有两个变种，即亸（duǒ）肩冠与山口冠。将团冠的四角加长至肩部，就变成亸肩冠。《宣和遗事》载，宣和六年（1124）正月十五的晚上，汴京城内才子佳人聚集，"佳人都是戴亸肩冠儿，插禁苑瑶花"。同书载，宋徽宗见到名妓李师师戴亸肩冠，将亸肩冠的四角变短，就成了短冠，将团冠的两侧去除，剩余的部分加高，就变成山口冠。

垂肩冠又称等肩冠，指两边下垂到肩部的冠子。白角冠就是一种垂肩冠。梅尧臣《当世家观画》诗曰："曲眉浅脸鸦发盘，白角莹薄垂肩冠。"亸肩冠也是一种垂肩冠。

上述冠饰，要么制作复杂、装饰华丽，要么形制巨大，无处不散发着奢侈的气息。这必然引来统治者的禁令。端拱二年（989），宋太宗诏令："妇人假髻并宜禁断，仍不得作高髻及高冠。"皇祐元年（1049）十月，宋仁宗下诏限定白角冠的形制："诏禁中外不得以角为冠梳，冠广不得过一尺，长不得过四寸，梳长不得过四寸。”绍兴二十三年（1153）九月，宋高宗下令禁采鹿胎。但是，这些禁令只能约束一时，作用不大。宋仁宗死后，白角冠的时尚卷土重来，甚至出现新的风向：“其后侈靡之风盛行，冠不特白角，又易以鱼枕；梳不特白角，又易以象牙、玳瑁矣。”在临安城中，有修补、清洗鹿胎冠的商贩，禁采鹿胎显然只是说说而已。

宋朝妇女的上衣有襦、袄、衫子（大袖）、背子、半臂、背心、抹胸、霞帔、袍、腰巾等，下裳有裙、裤等。它们的时尚化程度丝毫不亚于冠饰。最走俏的，上衣是大袖与背子，下裳是裙。

大袖是袖子宽大的衫子。正因为袖子宽大，大袖流行于后妃、富贵之家的妇女及妓女之间。《宋史》载，“其常服，后妃大袖”，公主及笄（jī）礼时也穿大袖。临安酒库每年举行“开煮迎酒”仪式时，“每库有行首二人，戴特髻，著乾红大袖”。有一种销金大袖，十分华贵。临安仕宦之家娶亲时，送给女方的聘礼中有销金大袖。销金是一种服装饰金或加金的工艺，类似的有泥金、贴金等多种。宋朝盛行妇女服装饰金或加金，统治者多次禁止。大中祥符八年（1015），宋真宗诏令：“内庭自中宫以下，并不得销金、贴金、间金、戭（yǎn）金、圈金、解金、剔金、陷金、明金、泥金、楞金、背影金、盘金、织金、金线捻丝，装著衣服，并不得以金为饰。其外庭臣庶家，悉皆断禁。”从此禁令可以看出，妇女服装饰金或加金的工艺极为繁复。与其他饰金或加金的工艺相比，销金大袖略显普通。这自然是追求奢侈的结果。

背子穿在襦、袄、裙、裤的外面，通常为直领、对襟、袖长而窄，两侧腋下部分有开衩，领和袖端用不同的织物镶边，两襟无绳带系合，长度过膝。背子原为身份较低的妇女所穿的服装，后流传广泛，宋代妇女不论身份、地位，都穿背子。宋哲宗时，皇后及太妃在御宴上穿红背子。汴京城中的媒婆，用穿戴不同来区别等级，“上等戴盖头，着紫背子”，“中等戴冠子，黄包髻，背子”。宋孝宗淳熙（1174—1189）年间，朱熹制定祭祀、冠礼、婚礼的服装制度：“女子在室者冠子、背子。众妾则假紒(jì)、背子。”前述临安酒库“开煮迎酒”仪式上，“选像生有颜色者三四十人，戴冠子、花朵，着艳色衫子，稍年高者都着红背子、特髻”。地位高的妇女所穿的背子，大多用罗、锦等制成，并用珠翠等装饰。

宋朝妇女的裙，常见的有在唐朝、五代时就已流行的石榴裙、百褶裙、罗裙等。形制较为特别的，有旋裙、赶上裙两种。旋裙前后各开一衩，便于双腿活动，适合骑行时穿着。裙上折裥(jiǎn)相叠，以多为胜。旋裙起初流行于汴京的妓女间，后来富贵之家的妇女纷纷效仿。司马光严厉批评这种现象：“妇人不服宽袴与襜，制旋裙必前后开胯，以便乘驴。其风开于都下妓女，而士夫家反慕效之，曾不知耻辱如此！”赶上裙与旋裙类似，前后各一片，两片相掩，便于双腿活动，适合骑行时穿。宋理宗时，宫中妇女穿赶上裙，后赶上裙被视为“服妖”而遭禁止，大约流行的时长和范围都有限。

南宋时，以金翠、珠翠为饰数次遭禁，妇女便以琉璃替代，于是琉璃风靡全国。绍熙元年（1190），临安“里巷妇女以琉璃为首饰”。咸淳五年（1269），“都人以碾玉为首饰。有诗云：京师禁珠翠，天下尽琉璃”。在广泛蔓延的奢侈风气之中，宋朝妇女追求服饰时尚的劲头，真可谓十足又顽强。

女孝经图（局部） 宋·佚名

蝶恋花

李清照

暖雨晴风初破冻，柳眼梅腮，已觉春心动。
酒意诗情谁与共？泪融残粉花钿重。

乍试夹衫金缕缝，山枕斜欹，枕损钗头凤。
独抱浓愁无好梦，夜阑犹剪灯花弄。

译文

温暖的风温暖的雨，冰冻刚刚融化，柳叶发芽，梅花盛开，已经感觉到春天来临。

在这样的时刻，和谁在醉意中作诗呢？泪水融化剩下的脂粉，觉得头上花形的首饰沉重。

刚刚尝试穿镂金花边缝成的带夹衫的衫子，斜靠在枕头上，枕头压坏凤形的钗。

独自怀着深深的愁思，无法进入美好的梦乡，夜深的时候仍然剪弄灯花。

香药风情

香药在宋朝大行其道。不论是皇帝、贵族，还是士人、平民，他们的生活都离不开香药。

宋徽宗政和（1111—1117）、宣和（1119—1125）年间，“宫中以河阳花蜡烛无香为恨，遂加龙涎、沉脑屑灌蜡烛，陈列两行数百枝，焰明而香滃（wěng），钧天之所无也”。蔡京生活奢侈，一次焚香待客，“香气自它室而出，霭若云雾濛濛，满坐几不相睹，而无烟火之烈。既归，衣冠芳馥，数日不歇。计非数十两不能如是之浓也”。绍兴（1131—1162）年间两度任相的赵鼎，在府第之外“别建大堂”，“堂之四隅各设大炉，为异香数种。每坐堂中，则四炉焚香，烟气氤氲，合于坐上，谓之香云”。

皇帝、权臣焚香讲究排场，士人则在焚香中寄托心灵的追求。黄庭坚嗜香如癖，自称“天资喜文事，如我有香癖”。陆游与香为友，周密在焚香中悟道，对香药的爱至深至切，便制香、论香。苏轼、陆游等自己动手制香。工于书法的徐铉自制“伴月香”，留名史册。黄庭坚评价友人自制小宗香、意可香，提出改进方法。

范成大认为，香“惟海南最胜”，但是“人士未尝落南者，未必尽知”，所以搜罗海南所产沈水香、蓬莱香等十二种香，加以评说。宋真宗时两度拜相的丁谓被贬海南时，撰有《天香传》，评定海南沉香。北宋末年洛阳人陈敬集纳沈立、洪刍等十一家香谱，撰成《陈氏香录》，至今仍是研究香药的重要参考文献。

平民使用香药也十分普遍。汴京新生儿满月时，家人会为其举行洗儿会，用香药烧水洗身。汴京城内有店铺卖洗面药，夜市有摊贩卖洗面水，它们都是用香药制作而成。出售香药的店铺有很多，竞争激烈。正月十六，莲华王家香铺为了吸引顾客，“灯火出群，而又命僧道场打花钹、弄椎鼓，游人无不驻足”。在临安，从五月五日开始，“不论大小之家，焚烧午香一月”。结婚迎亲当天，男方派人带着花瓶、花烛、香毬（qiú）等物品到女方家迎接新人。香毬是一种焚香用具，为金属制的镂空圆球，内设一只能转动的金属碗，用于焚香。可见结婚时焚香是一种普遍现象。六月六日之夜，“都人士女，骈集炷香”，并玩关扑香囊的游戏。夏季、秋季夜市上，关扑的物品有异巧香袋儿、木犀香数珠、藏香等多种。御街上的香药店铺较为集中，货品“夸多竞好”，竞争也很激烈。这些说明香药及其制品已成平民的常用之物。

香药不仅可以用来焚烧，香药入药在宋朝也十分常见，《证类本草》《圣济总录》《伤寒总病论》《苏沈良方》等书载有众多使用香药的药方。在汴京与临安，市场上有很多用香药制作的食物，诸如各种蜜煎香药果子、香药小元儿、麝香豆沙团子、香饼、香药灌肺、二色灌香藕、沉香藕花、香药韶姜、砌香橄榄、麝香甘蔗、香药木瓜、香药脆梅、丁香馄饨等。《山家清供》

《吴氏中馈录》《本心斋疏食谱》等食谱中，香药是烹饪食物的常用调料。有富贵人家建造宅第时使用制作香药的木材。有一个叫赵梅石的人，生活奢侈，“其家有沉香连三暖阁”，下面“用抽替打篆香于内，香雾芬郁，终日不绝”。宋末时，番商蒲寿庚居住在番禺（今广东广州），住宅“中堂有四柱，皆沉水香”。临安的富家甚至一掷千金，用沉香木、檀香木作为宅第的柱子。

香药的用处如此广泛，自然少不了女性的追捧。

宋朝女子佩戴的香囊，由数种香药合制而成。端午节时，皇帝赏赐后妃的物品中有香囊、软香、龙涎佩带。龙诞佩带指可佩戴的龙诞香，也属于佩香，只不过香囊佩戴在腰间，其他可以佩戴在颈部或胸部。淳熙十一年（1184）六月初一，宋孝宗进献龙涎香数珠佩带五十副、珍珠香囊等物给太皇后。秦观与歌伎离别时流连难舍，词曰：“消魂当此际，香囊暗解，罗带轻分。”香佩还是送给佳人的情物：“结子同心香佩带，帕儿双字玉连环。”

一种称为拂手香的佩香，在宋朝较为流行。《陈氏香谱》载有拂手香的制作方法：“白檀香三两（滋润者，锉末，用蜜三钱化汤一盏许，炒令水尽，稍觉浥湿，焙干，杵，罗细末），米脑一两（研），阿胶一片。右将阿胶化汤打糊，入香末搜拌匀，于木臼中捣三五日，捻作饼子或脱花，熏干，穿穴线，悬于胸间。”庆元二年（1196），周必大在给友人刘伯深的信中提到送拂手香给他的姬妾。在五月的西湖边，蔡伸见到佩戴拂手香的女子：“双佩雷文拂手香，青纱衫子淡梳妆。冰姿绰约自生凉。”

佩香使身体散发出迷人的香气。用香药熏衣、在衣服上滴香水，可以起到类似的作用。宋初名臣张咏一次在筵席上遇到官妓小英，为其美丽所折服，诗曰：“美人宜称言不得，龙脑熏衣香入骨。”《陈氏香谱》中介绍了熏衣的方法：“凡欲熏衣，置热汤于笼下，衣覆其上，使之沾润。取去，别以炉香爇（ruò）。熏毕，迭衣入箧笥（qiè sì）隔宿，衣之余香，数日不歇。”与熏衣类似的，有熏被。张耒诗曰：“玉女熏笼覆绣衾。”毛滂词曰：“绣被熏兰麝。”宋朝女性使用的香水称为蔷薇水，蔷薇水的效果显著：“洒着人衣袂，经十数日不歇也。”刘克庄诗曰：“旧恩恰似蔷薇水，滴在罗衣到死香。”香水也有用素馨花或茉莉花制作，虽然不及蔷薇水，但“亦足以袭人鼻观”。

宋朝女性在生活中还经常焚香。李清照在词作中多有提及，如“瑞脑消金兽”“玉炉沉水袅残烟”“玉鸭熏炉闲瑞脑”“沉香断续玉炉寒”等。张玉娘在诗词中也经常描写，如“绣罢沉香火底眠”“觉来香缕在”“沉水斋心燃宝鼎”“宝鼎余香袅”“拥翠被香残”“紫檀熏宝鼎”等。在描绘闺阁生活的宋画中，香炉是常见的陈设，这可从侧面印证女性经常焚香。

一些贵族女性在车上放置香毬（qiú），效果绝对吸引眼球：“京师承平时，宗室戚里岁时入禁中，妇女上犊车，皆用二小鬟持香毬在旁，而袖中又自持两小香毬。车驰过，香烟如云，数里不绝，尘土皆香。”辛弃疾词曰“宝马雕车香满路”，据此可解。

宋朝女性化妆离不开香药。宋末陈元靓所撰《事林广记》载有“闺妆类”用品及其制作方法，含香药的有十四种，能较为全面地反映女性化妆品的状况。笔者将它们分为八类：（1）美发类，包括宫制蔷薇油、香发木犀油、洁鬓威仙油、惜发神梳散；（2）面脂类，包括内宣黄耆膏、太真红王膏；（3）洗面类，包括钱王红白散；（4）粉底类，包括玉女桃花粉、唐宫迎蝶粉；（5）眉妆类，包括画眉集香丸；（6）熏衣类，包括熏衣笑兰香；（7）清除口腔异味类，包括牢牙橄香散、透肌五香圆；（8）沐浴类，包括西施脱骨汤。仅从它们的名称就可推断，宋朝女性使用的化妆品不仅全面，而且讲究美容实效。今日美妆“潮女”如果看到这些，估计会自叹弗如。

在临安，街头摊贩销售一种独特的画眉用品，称为画眉七香丸。此丸为“他处无有者”，顾名思义，大约用七种香药与眉墨制造而成，与画眉集香丸应该是同一种或类似的用品。画眉集香丸的制造方法成熟简单：“真麻油一盏，多着灯心搓紧，将油盏置器水中焚之，覆以小器，令烟凝上，随得扫下。预于三日前，用脑麝别浸少油，倾入烟内和，调匀。其黑可逾漆。一法：旋剪麻油灯花，用尤佳。”画眉七香丸既为摊贩销售，想必它的制造方法与画眉集香丸一样成熟简单，而且产量可观，使用的女性众多。宋朝化妆品制造业的发达程度由此可见一斑。

明人冯梦龙所编《警世通言》第三十卷《金明池吴清逢爱爱》，讲述宋朝汴京人吴清的爱情故事。有一年清明节时，吴清与友人到金明池边饮酒游玩，“忽闻得一阵香风，绝似麝兰香，又带些脂粉气”。香风由香药而生，来自一群“如百花斗彩，万卉争妍”的女子。吴清迎着香风走上去，一段“人间生死缘”就此上演。香药竟有如此神奇之效，宋朝女性钟爱它，自是不言而喻了。

妆靓仕女图 北宋·苏汉臣

南歌子·香墨弯弯画

秦观

香墨弯弯画，燕脂淡淡匀。

揉蓝衫子杏黄裙，独倚玉阑无语点檀唇。

人去空流水，花飞半掩门。

乱山何处觅行云？又是一钩新月照黄昏。

译文

用飘香的黛勾画弯弯的眉毛，将胭脂在脸上淡淡地涂抹均匀。

穿着蓝色的衫子和杏黄色的裙子，独自倚在栏杆上默默地将嘴唇涂红。

情郎离开如同逝去的流水，花瓣飘落半掩着门。

情郎的行踪难以确定，就像在高低不齐的群山中如何寻找飘忽的云呢？又到了一弯新月照耀着的黄昏。

缠足风起

宋徽宗宣和（1119—1125）年间，汴京平民之家的女性纷纷穿起“花靴弓履”。“花靴弓履”指绣花弓鞋。弓鞋是女性缠足所穿的鞋。女性缠足后脚呈弓形，其鞋因此称为弓鞋。一种名为“错到底”的弓鞋，在宣和末年流行起来。这表明，缠足已经蔚然成风。

缠足开始的时间，有夏禹时期、商朝、春秋、战国、秦朝、汉朝、晋朝、六朝、隋朝、唐朝、五代等诸多之说，尚无定论。在论说缠足开始时间的众多证据中，有一个最易引起误解。南唐李后主有一位宫嫔叫窅（yǎo）娘，“纤丽善舞”。李后主“令窅娘以帛绕脚，令纤小屈上，作新月状，素袜舞《云中》，回旋有凌云之态”。此事被当作缠足始于五代的证据，引用广泛。但在笔者看来，窅娘“以帛绕脚，令纤小屈上，作新月状”，只是为跳舞而临时束缚脚而已，与缠足是两回事。

北宋时，多位文人在作品中描写或提及缠足。欧阳修词曰：“遗下弓弓小绣鞋。”苏轼词曰：“偷穿宫样稳，并立双趺（fū）

困。纤妙说应难，须从掌上看。”徐积诗曰：“但知勤四支，不知裹两足。”秦观词曰：“脚上鞋儿四寸罗。”黄庭坚词曰：“从伊便、窄袜弓鞋。”赵令畤词曰：“稳小弓鞋三寸罗。”此六人生活于北宋中后期，故可推断，女性缠足在北宋中期已确定出现。穿弓鞋的均为妓女，可见缠足在妓女中间流行。元人陶宗仪所撰《辍耕录》的记载，可作为佐证：“（缠足）如熙宁、元丰以前，人犹为者少。”而且此条记载还说明，女性缠足在北宋中期并不是普遍现象。

缠足在皇宫中也很流行，有一件奇事可为证明。建炎四年（1130），一名女子来到临安皇宫，自称是宋徽宗之女柔福，“自虏中潜归”。老宫人“以足长大疑之”，不相信她就是柔福。此女皱起眉头，说：“金人驱迫如牛羊，跣（xiǎn）足行万里，宁复故态哉？”宋高宗不再怀疑，封她为福国长公主。绍兴十二年（1142），宋徽宗皇后韦氏被金人释放，回到临安，说柔福早已去世。于是，此女身份暴露，“乃一女巫也”，随后伏诛。

宋室南渡之后，缠足流传到南方，渐渐广泛。当时，一种名为“瘦金莲方”的缠足方法受到女性欢迎，属于“自北传南者”。洪迈所撰《夷坚志》载，庆元元年（1195）五月，湖州（今属浙江）南门外一名妇人“颜色洁白，著皂弓鞋，踽踽独行”。她由一条蛇幻化而成，却要穿弓鞋，说明缠足是女性“标配”。宋理宗年间（1225—1264），宫女崇尚“束足纤直”，称为“快上马”。杭州城中的妓女盛行缠足，以至于有“杭州脚”之说。

缠足逐渐流传，社会审美观念也随之变化，以缠足或小脚为美。文人诗词中的赞美自不必说，与缠足有关的各类现象层见叠出。赵令畤曾拜访友人刘平叔，刘平叔叫来八名家妓，八人“脚绝、歌绝、琴绝、舞绝”。在赵令畤的眼中，小脚风情万种，已胜过歌、琴、舞。宣和五年（1123），宋徽宗私幸名妓李师师。李师师除具有“眼横秋水之波，眉拂春山之黛；腰如弱柳，体似凝脂”之类的女性魅力，还特别拥有一双小脚，所谓“一搦（nuò）衬金莲稳小”“凤鞋半折小弓弓”。宋高宗年间（1127—1162），一名叫向履方的官员，留着一副美髯，但“缠足极弯，长于钩距”，引来同僚的讥笑。男性官员居然缠足，不管是不是其个人独特的审美癖好，也足见以缠足为美的观念盛行。张世南所撰《游宦纪闻》载，一名富豪带着年轻的女儿找张姓僧人求颂，张姓僧人说：“好弓鞋，求取一只。”并再三乞求。富豪不得已，送给他一只。临安西湖中船多，有一种船叫“小脚船”，“专载贾客、小妓女、荒鼓板、烧香婆嫂”。以小脚喻船，说明人们已把小脚当作女性的特征。清人俞正燮据此认为，小脚是当时女性的通称。建炎三年（1129），金军渡过长江南犯，“妇女三十以上及三十以下未裹足与已生产者，尽戮无遗”。金人喜欢缠足显而易见。这些大概预示着宋朝以后，缠足风必然愈演愈烈吧。

尽管缠足大行其道，但未缠足的女性也不乏其人。程颐的六世孙程淮死于咸淳（1265—1274）年间，“淮（即程淮）之族尚蕃，居池阳，妇人不缠足、不贯耳，至今守之”。宋朝时，有一人叫程鹏举，被虏后在兴元（今陕西汉中）张万户家为奴，张万户“以虏到宦家女某氏妻之”，后来程鹏举找机会逃走。临走时，妻子“以所穿绣鞋一易程一履”，此女虽出身官宦人家，并没有缠足。岭南的女性不缠足。周去非所撰《岭外代答》载：“(安南国妇女）足加鞋袜，游于衢路，与吾人无异。”俞正燮认为：“所谓吾人，今广西人，是宋时岭外皆不弓足。”

宋朝理学肇兴，束缚女性的礼教规范细密而严厉。程颐曰：“饿死事极小，失节事极大。”朱熹曰：“明天理，灭人欲。”现今探究宋朝女性缠足的原因，往往有人引用程朱之言，将其归结于理学的荼毒。笔者以为，程朱之言与缠足风马牛不相及，这种解释无法厘清理学导致缠足的逻辑，更不可能找到史料佐证，故属于牵强附会，有“欲加之罪”的嫌疑。理学的礼教规范束缚女性，缠足在形式上也是束缚女性，因为束缚而将两者生拉硬拽在一起，不免是想象力过于丰富的缘故。前文所述程淮之事，说明程颐一族有女性不缠足的传统。俞正燮评价说：“伊川先生（即程颐）后人居池阳，其族妇人不缠足，盖言其族女子不肯随流俗缠足也。”程颐一族的女性不缠足，不知其言论与缠足的关系从何说起。

女性不缠足，或许可以在黄岩（今属浙江台州）人车若水那里找到原因。咸淳十年（1274）冬，六十六岁的车若水患脚气病，无法下地行走。在痛苦之中，他写下这样的言论：“妇人缠脚，不知起于何时。小儿未四五岁，无罪无辜而使之受无限之苦，缠得小来，不知何用。”可惜的是，车若水毫无影响力，他的声音过于微弱，根本引不起任何波澜。否则，缠足的历史就会被改写。

菩萨蛮·咏足

苏轼

涂香莫惜莲承步，长愁罗袜凌波去。
只见舞回风，都无行处踪。

偷穿宫样稳，并立双趺困。
纤妙说应难，须从掌上看。

译文

走过的道路留下香味，不要怜惜小脚；久久地穿着丝罗制的袜子，像在水波上行走。

只见舞步像旋风，都不留下踪迹。

偷偷地穿着宫廷样式的鞋，匀称是匀称，但并立两脚和走路困难。

细柔美妙到何种程度难以用语言表达，必须要托在手掌上看她的脚。

第五章 衣饰

男服好古

宋朝男性的服饰可分为首服、衣、裳、腰佩、鞋履五类，大都沿袭唐朝、五代的旧制，弥漫着浓浓的“好古”气息。

首服有冠、帽、巾、幞头四种，名目、形制花样百出。

冠常见的有通天冠、进贤冠、獬豸冠、小冠等。通天冠是皇帝参加典礼、朝会时所戴的礼冠，形制复杂：“通天冠，二十四梁，加金博山，附蝉十二，高广各一尺。青表朱里，首施珠翠，黑介帻，组缨翠緌（ruí），玉犀簪导。”天圣二年（1024），礼仪使李维认为通天冠需要避讳，宋仁宗于是下诏改其名为承天冠。通天冠因为顶部装饰的一颗颗珍珠似卷云，故又称卷云冠。教坊舞者也戴卷云冠。此卷云冠与通天冠大约有相似之处，应不是同一种冠。进贤冠为文官之冠，以梁数量的多少来区分爵位：“以漆布为之，上缕纸为额花，金涂银铜饰，后有纳言。以梁数为差，凡七等，以罗为缨结之。”宋朝初年，进贤冠分为五梁、三梁、二梁三等；宋神宗元丰二年（1079）之后，分为七梁、六梁、五梁、四梁、三梁、二梁，其中七梁进贤冠有加和不加貂蝉（貂尾与金蝉）装饰两等，共计七等。獬豸冠是一种进贤冠，又称法冠，为执法官员所戴之冠，因有獬豸角形状的装饰物而得名。小冠指形制窄小低矮的冠，高、宽均为二寸，是男性闲居时所戴的便冠。建中靖国元年（1101），苏轼自海南到常州，“病暑，着小冠，披半臂，坐船中。夹运河千万人随观之”，不久病逝。建炎元年（1127），宋高宗称帝，隆祐太后派人送去小冠，曰：“祖宗闲居之所服也，自神宗始易以巾。愿即位后，退朝上戴此冠，庶几如祖宗时气象。”陆游《新制小冠》诗曰：“悠然顾影成清啸，新制栟（bīng）榈二寸冠。”

帽源自于冠，在宋朝男性之间极为流行，形制繁多。皇帝戴帽：“或御乌纱帽。中兴仍之……后殿早讲，皇帝服帽子。”景德元年（1004）十一月，宋真宗到达韦城（今河南滑县），手下人献上貂帽、毳裘，宋真宗当即拒绝：“臣下皆苦寒，朕安用此?”各级官员所戴的帽种类众多，有乌纱帽、纱帽、锦帽、金鹅帽、帖金帽、裘帽、乌帽、花帽等。中举者戴羞帽。李复诗曰：“短发萧萧羞帽侧，强颜咄咄学书空。”羞帽形制如何，不见于记载。席帽、裁帽是两种类似的帽子，都以藤席为骨架。两者区别在于，裁帽缀皂纱，而且佩戴者身份有别。裁帽“以皂罗为之，方而垂檐，紫里，两紫丝组为缨，垂而结之颔下”，由此可知席帽的样式。不过，士人与女性也戴席帽。女性席帽的样式稍有变化：“女人戴者，四缘垂下网子以自蔽，今世俗或然。”

在纱帽中，京纱帽、翠纱帽较为流行，佩戴者不分身份贵贱。翠纱帽较贵，以至于百姓不愿戴京纱帽。

此外，市场上还有狼头帽、销金帽、搭罗儿出售，大约流行度较广。搭罗儿是孩子在初秋时所戴的帽子："搭罗乃新凉时孩子所戴小帽，以帛维缕，如发圈然。"

与帽相比，巾的形制稍显简单。根据材质，巾有藤巾、草巾。藤巾、草巾分别以藤、草为骨架，外糊纱："到本朝太宗时，又以藤做骨子，以纱糊于上。后又觉见不安，到仁宗时，方以漆纱为之。"藤巾去掉楮皮层变成粘纱巾，替代藤巾、草巾、粘纱巾的是使用漆纱制作的纱巾。纱巾有敛巾、偃巾、直巾、梭巾、平直巾等。巾顶的形状有四种："巾之制，有圆顶、方顶、砖顶、琴顶。秦伯阳又以砖顶服去顶内之重纱，谓之四边净。外又有面袋等，则近于怪矣。"

巾原为"贱者不冠之服"。从宣政（即政和、宣和）（1111—1125）年间开始，戴巾为上层男性接受，成为普遍现象。南渡之后，临安城内出现多家卖巾的店铺，如孔家头巾铺、孔八郎头巾铺、杨三郎头巾铺等，而且"且如士农工商诸行百户衣巾装著，皆有等差……街市买卖人各有服色头巾，各可辨认是何名目"，足见巾已成各种身份男性的日常服饰之一。

幞（fú）头俗称"乌纱"，始于五代，由头巾发展而来，因"以幅巾裹首"而得名，又称为折上巾、四脚："幞头，一谓之四脚，乃四带也。二带系脑后垂之，折带反系头上，令曲折附顶，故亦谓之折上巾。"到宋朝时，四带变为两带，即两脚。故宋朝的幞头由裹头的部分和两个幞脚组成。裹头的部分有软质和硬质两种。软质的裹巾紧贴额头和头顶，脚在脑后相交上翘或没有。硬质的类似帽，初用藤、草做骨架，外糊漆纱（与前述藤巾、草巾、粘纱巾、纱巾类似），后去除骨架，仅用漆纱，均为前低后高；其脚有“直脚、局脚、交脚、朝天、顺风”五种，皆有骨架。直脚又称平脚、展脚，两脚呈平直状；局脚又称卷脚、曲脚，两脚呈弯曲状；交脚指两脚相交，呈向上状；朝天指两脚向上；顺风指两脚集中在一边，另一边无脚。裹头的部分和脚的变化及采用装饰，使幞头品种很多，如直脚幞头、卷脚幞头、交脚幞头、朝天幞头、顺风幞头、软脚幞头、花脚幞头、天角幞头、高脚幞头、弓脚幞头、牛耳幞头等。南宋时，在祭祀、明堂之礼、圣节、闻喜宴等结束后，官员有簪戴之举，即在幞头上簪皇帝所赐之花。

皇帝、各级官员戴平脚幞头或曲脚幞头，因场合不同而有区别：“国朝之制，君臣通服平脚，乘舆或服上曲焉。”教坊男乐手戴幞头，“诨臣万岁乐队，衣紫绯绿罗宽衫，诨裹簇花幞头”，女乐手也戴幞头，“打球乐队，衣四色窄绣罗襦，系银带，裹顺风脚簇花幞头，执球杖”。职位较低的吏，通常戴硬质的幞头，如交脚幞头、曲脚幞头、软脚幞头、无脚幞头等。平民大多戴软质的幞头。

平脚幞头的两脚既直又长，原因十分有趣，竟是为了防止大臣们窃窃私语。幞头的脚长了，脑袋不能接近，交头接耳自然就不可能。看来对付会场上“开小会”，还是古人的方法更加有效。

衣主要有衫、背子、袍三类。

衫是一种开胯的服装，流行的有帽衫、紫衫、凉衫、襕衫等。帽衫由乌纱帽、皂罗衫等组合而成，是士大夫在交际时常穿的一种服饰：“帽以乌纱、衫以皂罗为之，角带，系鞋。”南渡之后，帽衫“一变为紫衫，再变为凉衫，自是服帽衫者少矣”。紫衫原是低级武官与士兵的戎服，“士大夫服之，以便戎事”。低级官吏为

松林拨阮图　宋·李唐

"便于趋走"，也穿紫衫。绍兴二十六年（1156），宋高宗下令禁止。凉衫的形制类似紫衫，通常为白色，故又称白衫。凉衫通常穿在朝服之外，颜色有浅黑色、褐色。乾道元年（1165），礼部侍郎王曮（yǎn）上奏宋孝宗："窃见近日士大夫皆服凉衫，甚非美观，而以交际、居官、临民，纯素可憎，有似凶服。陛下方奉两宫，所宜革之。……朝章之外，宜有便衣，仍存紫衫，未害大体。"于是宋孝宗下令禁服紫衫，但有破例："若便服，许用紫衫。"此后，紫衫再度时兴，凉衫则成为丧服。襕衫是一种衣与裳相连的长衫，形制为"圆领大袖，下施横襕为裳，腰间有辟积"，颜色有紫色、绿色、青色、白色等。其中，白色的襕衫称为白襕，由士子初创，并流行于士子之间。王禹偁诗曰："利市襕衫抛白纻，风流名纸写红笺。"

背子又称褙子，是长衣。其形制为长袖，腋下开胯，背后及腋下有垂带。在宋徽宗朝蔡京为相之前，背子用勒帛束腰。不同身份、地位的男性都穿背子。皇帝也穿背子。官员常把背子穿在公服里。宰相穿紫背子。仪卫、武官有时在背子外穿铠甲，称为"打甲背子""带甲背子"。有的武官穿团花背子。秀才儒生"把一领皂褙穿着"。正月十五，汴京的男性都穿背子，城内上等媒人穿紫背子，中等媒人也穿背子。

背子在宋朝男性中流行的时间无定论。陆宰曾告诉儿子陆游："前辈平居往来……无今所谓背子者。""前辈"指陆游的曾祖陆轸。陆轸是大中祥符五年（1012）进士，生活于宋真宗、宋仁宗在位时期（998—1063）。陆宰之说意味着背子在北宋前期尚未流行。《朱子语类》中则提供了两种不同的说法。一种是引用《苍梧杂志》的说法："背子近年方有，旧时无之，只汗衫、袄子上便著公服。"《苍梧杂志》的作者胡珵，是宣和三年（1121）进士，故此说指背子流行于北宋后期。另一种是说背子在北宋初期即已流行。

袍也是长衣。不同身份、地位的男性，穿不同的袍："国初仍唐旧制，有官者服皂袍，无官者白袍，庶人布袍。"除皂袍之外，官员还穿绿袍、紫袍等，有时还有御赐锦袍。皇帝穿袍，种类有绛纱袍、窄袍等。绛纱袍形制稍显复杂："以织成云龙红金条纱为之，红里，皂褾，襈，裾。"窄袍因袍身狭小、袖紧窄而得名，通常在"坐视事"时穿。皇帝还有三种与袍有关的礼服：衫袍、履袍、靴袍。衫袍指同时穿衫、袍，履袍、靴袍指穿袍同时着履或靴。仪卫穿紫、绿、绯、黄等色绣袍或花袍。

与首服、衣相比，宋朝男性的裳十分简单，只有围裳、裤、裙三种。皇帝穿纁（xūn）裳，即浅红色围裳。绍兴四年（1134），国子监丞王普上奏宋高宗称："其衣皆玄，其裳皆纁，裳前三而后四幅，此衣裳之制也。"围裳的形制由此可明。富贵之家用细绢做裤子。谢薖（kē）诗曰："绮襦纨袴竞豪奢。"蔡京长子蔡攸参加宫中宴会，穿窄裤。窄裤大概是一种紧身的裤子。仪卫通常穿裤管肥大的大口裤。裙是男性常见的裳。《水浒传》中，洪教头、林冲、王庆穿裙，阮小七穿生布裙，郭盛穿柳绿征裙，戴宗、燕青穿绣裙，东村黄达穿单纱裙，张顺穿生绢水裙。陆游笔下的会稽陈氏老一家，"衣惟布襦裙，取适寒暑之宜"。

腰佩主要是腰带和抱肚。腰带一类是革带，因用皮革制作而得名。革带有玉、金、银、犀、铜、铁、角、石、墨玉之类装饰。

身份不同，装饰就不同。一类是用绫、罗、帛等织物制成，称为勒帛。皇帝、太子系红罗勒帛。官员系勒帛，多为皇帝所赐。苏轼诗曰：“青绫衲衫暖衬甲，红线勒帛光绕胁。”仪卫、舞乐者也系勒帛。男性穿背子时，曾系勒帛（见前文）。石曼卿住在汴京蔡河下曲时，曾拜访李姓豪家，“主人着头巾，系勒帛，不具衣冠”。抱肚又称裹肚、袍肚等，通常用帛制成，有销金裹肚、黄绫绣抱肚、红罗抱肚、紫地皂绣裹肚、黄裹肚等。北宋时，皇帝会登上宝津楼，观看百戏表演，表演者多裹围肚看带。围肚看带大概类似于抱肚，有人干脆认为它就是抱肚。宣和（1119—1125）年间，“京师士庶竞以鹅黄为腹围，谓之腰上黄”。腰上黄大概也类似抱肚。其他的腰佩还有鱼袋（鱼形的袋子）、佩囊、锦囊、茄袋（茄子形的袋子）、佩珂（佩玉）等。

鞋履主要有布帛鞋、皮鞋、靴、草鞋四类。布帛鞋指用布或丝织物制成的鞋。宋朝曾在皇宫中设丝鞋局，为皇室制作丝鞋。宋孝宗即位后，“惟临朝服丝鞋，退即以罗鞋易之。遂废此局”。丝鞋用丝绸制成，罗鞋用丝罗制成，都属于布帛鞋。冬至前三天，皇帝与亲王、百官集会，测验刻漏，亲王、百官皆穿云头履鞋。云头履鞋用布帛制成，因鞋尖处有翻卷的云头状装饰而得名。皮鞋用皮制成，不用线。许将知大名府时，一天，“一都监曳皮鞋而前，许问曰：‘公何得此鞋？’都监以为美意，云‘某衙一卒能造，枢密或须之否？’许作色曰：‘某非无此，但不敢对同官着耳。’”可见皮鞋当时属于奢侈品。用黑色皮制成的乌皮履，又称皂皮履，属于皮鞋，穿着者包括皇子、官员及武舞人、仪卫等。靴是皇帝、文武官员常穿的鞋。靴有乌皮靴、暖靴（冬季所穿的保暖靴子)、六合靴（有六条缝的靴子)、油靴（涂抹桐油以防水的靴子）等多种。草鞋是用草、藤或植物皮制成的鞋，如蒲鞋(用蒲草编成的鞋子)、芒鞋（用芒草编成的鞋子)、棕鞋（用棕皮等编成的鞋子)、麻鞋（用麻皮编成的鞋子)、藤鞋（用葛藤编成的鞋子）等，多为平民所穿。

尽管男性的服饰“好古”气息浓郁，但宋朝始终涌动着一股“变古”之潮。淳祐十年（1250)，眉山（今属四川）人史绳祖写下《饮食衣服今皆变古》一文，对“变古”现象痛心疾首：“至如衣裳冠履，则又乖甚……呜呼！可不哀哉痛哉！姑笔之，以俟好古博雅知礼通方之士而正焉。”究其原因，是“变古”造成了“衣服无章”的局面。

听琴图（局部） 北宋·赵佶（宋徽宗）

鹊桥仙·寿徐伯熙察院

辛弃疾

豸（zhì）冠风采，绣衣声价，曾把经纶少试。
看看有诏日边来，便入侍、明光殿里。

东君未老，花明柳媚，且引玉觥沉醉。
好将三万六千场，自今日、从头数起。

译文

有像獬豸角装饰的冠子风度翩翩，彩绣的丝绸衣服代表声誉地位，曾经短时间筹划治理国家。

转瞬间有诏书从京城送来，就到宫中入朝侍奉皇帝。

春神没有老去，花朵鲜艳、柳树妩媚，再举起玉质的酒杯喝得大醉。

以便把三万六千场大醉，从今天开始一个个地计算。

衣服无章

宋人从未严格遵行服饰制度。

太平兴国七年（982），宋太宗命令翰林学士李昉对服色进行限制，端拱二年（989），宋太宗又颁布有关服饰制度的诏书。这一次限制的内容更多。至道元年（995），庶人服紫的禁令解除。

此后，宋廷多次颁布服饰制度，从服色、装饰、纹样或质料三方面加以限制。现列举如下：

咸平四年（1001），禁止民间制造金丝、盘蹙金线。

大中祥符元年（1008），禁止用金银箔线、贴金、销金、泥金、蹙金线装饰什器土木玩用之物，非命妇不得把它们用作首饰。大中祥符二年（1009），禁止用熔金装饰器服。大中祥符七年（1014），禁民间服销金及跋遮那缬（一种加金的印染丝绸）。次年，禁止皇后之外的女性用销金、贴金、间金、金线捻丝等装饰衣服，及以金为饰。

天圣三年（1025），“禁在京士庶衣黑褐地白花衣服并蓝、黄、紫地撮晕花样”，女性“不得用白色、褐色毛段、淡褐色匹帛制造衣服”。

景祐二年（1035），禁止市肆用缕金制作女性首饰等。次年，禁止臣庶之家采捕鹿胎制造冠子，禁止非命妇之家用珍珠装饰首饰、衣服等。

庆历八年（1048），“禁士庶效契丹服及乘骑鞍辔、妇人衣铜绿兔褐之类”。

皇祐元年（1049），禁止女性冠子高超过四寸、广超过一尺，梳子长不得超过四寸，禁止用角装饰冠子。

嘉祐七年（1062），“禁天下衣黑紫服者”。

熙宁九年（1076），禁朝服紫色近黑者。

绍圣二年（1095），禁止翡翠装饰。

政和二年（1112），禁止民间造缬帛。政和七年（1117），禁契丹服若毡笠、钓墩之类者，以违御笔论。钓墩，今亦谓之袜裤，妇人之服也。

绍兴五年（1135），禁止金翠为妇人服饰。

绍兴二十六年（1156），严禁“以戎服临民”。

乾道元年（1165），禁服白衫，“除乘马道涂许服外，余不得服”，便服可以用紫衫。

此处之所以详细列举宋廷的服饰禁令，是因为禁令的反面就是宋人的服饰时尚。宋人无视禁令的勇敢追求，使服饰时尚此起彼伏，进而拉平了不同身份、地位的人的穿着差别。

宋仁宗在位时，大臣张方平上奏：“又巾履靴笏，自公卿大臣以为朝服，而卒校胥史，为制一等，其罗縠（hú）绮纨、织文绨绣，自人君至于庶人，同施均用。”这说明不同级别官员的服饰趋同，服饰的质料、花纹不再因穿着者的身份、地位不同而有区分。不仅如此，士庶的服饰也与公侯趋同。景祐三年（1036）二月，太常少卿扈偁上书宋仁宗称：“近岁，士庶之家侈靡相尚，居第服玩，僭拟公侯。”宣和（1119—1125）年间，“京师士庶竞以鹅黄为腹围，谓之腰上黄。妇人便服不施衿纽，束身短制，谓之不制衿（即前文所述的背子），始自宫掖，未几而通国皆服之”。可见黄色腹围和背子的普及程度十分广泛。宋朝中后期，武官、技术官的冠服与公卿相差无几，府史、胥徒的冠服与县令、刺史也没有大的差别。官员张耒因此大发感慨：“今也，贵贱错陈，上下共处，而冠服一概，虽略有所别，然不问不知其官，不察不知其别。”官员王得臣也有同样的结论：“衣冠之制，上下混一。”

南渡之后，穿着差别拉平的情况愈演愈烈。

绍兴四年（1134）五月，宋廷的内部掀起了一股讨论如何改正“衣服之制……贵贱几无差等”的热潮。最终的结果没有完全达到讨论的目的：“是时，诸臣奏请讨论虽详，然终以承袭之久，未能尽革也。”“承袭之久”这个原因意味深长。服饰时尚此起彼伏，在时间的流逝中不断接力、累积，终于汇成强大的力量，成功地突破了礼制的束缚。

秦桧在宋高宗在位时二度拜相，权倾一时。一天，秦桧的儿子秦熺穿着一件黄葛衫站在他的身旁。秦桧看着秦熺说：“换了来。”秦熺没明白，又换了一件黄葛衫。秦桧怒目而视，说：“可换白葛。”秦熺辩解说：“葛黄乃贵贱所通用。”秦桧说：“我与尔却不可用。”

闽地的服饰本来等级严格，但到淳熙（1174—1189）年间，一切变得毫无章法："三十年来渐失等威，近岁尤甚。农贩、细民至用道服、背子、紫衫者，其妇女至用背子、霞帔。"

从淳祐（1241—1252）年间开始，临安城内"士农工商，诸行百户"的服饰一改"各有本色，不敢越外"的情况，区别不再明显，甚至出现"有一等晚年后生，不体旧规，裹奇巾异服，三五成群，斗美夸丽，殊令人厌见，非复旧时淳朴矣"。

紫衫本为戎服，南渡后为士大夫接纳。后来则流行天下，穿者不再有身份、地位之别："公卿皂隶，下至闾阎贱夫，皆一律矣。"

"衣服之制"如此无别，大儒朱熹十分不满："今衣服无章，上下混淆。"

元祐二年（1087），老臣文彦博"窃以数十年风俗僭侈，车服器玩多逾制度，以致士民之家率多贫乏，不修廉节"，于是上书宋哲宗，请求采用唐制"改易衣服制度"，这样才能"上下有分，不敢僭侈，风俗当自淳俭，太平可以立致"。右谏议大夫梁焘极力反对，建议"寝罢其议，以安人心"，理由是："古议虽颇有可行之文，然在于人情，实为未便。"梁焘虽然说了实话，但反对无效，因为顺应"人情"是高高在上的皇帝不愿为之的。当然，还是梁焘看得透彻，宋人以实际的"人情"，对宋廷的服饰制度投了反对票。

赠人三首次韵道卿·其三

张耒

可是相逢意便深，为郎巧笑不须金。
门前一尺春风髻，窗外三更夜雨衾。
别燕从教灯见泪，夜窗惟有月知心。
东西芳草浑相似，欲望高城何处寻。

译文

实在是一遇见就情意深长，为你展现美好的笑貌不用钱财。

梳着一尺高的发髻，站在门前期盼；夜晚三更时窗外下着雨，拥被难眠。

告别宴上任凭烛灯燃烧熔化，只有夜晚窗外的月亮懂得我的心。

四方的香草简直都相似，想到高高的城墙上看看到哪里能找到你。

儒雅风行

有了重文轻武、礼待士大夫的国策，宋朝文士一飞冲天，成了万众瞩目的“明星”。他们的喜好流布到社会，成为众人争相模仿、追逐的时尚。在服饰方面，就是儒雅之风盛行。

绍兴十一年（1141）四月，宋高宗擢升抗金功臣韩世忠为枢密使，解除其军权。韩世忠心知肚明，“乃制一字巾，入都堂则裹之”。不久，辞去枢密使之职，告老还乡，“既解枢柄，逍遥家居，常顶一字巾，跨骏骡，周游湖山之间，才以私童史四五人自随”。一字巾的形制简单：“凡山居有幅巾者，俗谓一字巾，以一幅裹于首。”它与文士所追求的自然闲适、平淡简朴的格调和生活状态，可谓相得益彰。这正是服饰儒雅之风的核心。

与一字巾类似的，还有东坡巾、山谷巾、程子巾、紫阳巾、仙桃巾、高士巾、逍遥巾、纶巾、华阳巾等。东坡巾、山谷巾、程子巾、紫阳巾是以所戴名士命名的头巾。东坡巾因苏轼所戴而得名（一说苏轼制）。苏轼有“父老争看乌角巾”“两郎乌角巾”之句，有说东坡巾又名乌角巾。杜甫有诗曰：“锦里先生乌角巾。”故此说不确。山谷巾因黄庭坚所制而得名，但形制不明。宋朝女子戴山谷巾，因状如两山之谷而得名。两者当非一物。程子巾相传因程颐、程颢常戴而得名。明人吕毖（bì）所缉《明宫史》载：“长者巾……而后垂两方带，如程子巾式。”由此可知，程子巾后有垂带，但其他形制不明。紫阳巾据称得名于朱熹。朱熹居处称为紫阳楼，读书之处为紫阳书堂。仙桃巾似单桃形，以纱为之，与程颐有关：“伊川所戴纱巾，背后望之如钟形，其制乃似今道士，谓之仙桃巾。”与仙桃巾相关的是并桃巾、并桃冠。两桃形的巾称为并桃巾，两桃形的冠称为并桃冠，都十分流行。高士巾是“山林隐逸之服”，形制不明。沈从文把高士巾与东坡巾当作一物：“如传世《韩熙载夜宴图》所戴巾子，也即是一般说的‘东坡巾’，又名‘高士巾’，过去相传由苏东坡创始。”此说的根据如何不详。逍遥巾据称因戴此巾感觉安然闲适而得名，形制简单，有两脚垂至后背，由纱罗束发发展而来。纶巾又称诸葛巾，因由诸葛亮创制而得名。陆游诗曰：“我来闲照影，一笑整纶巾。”朱熹诗曰：“泉吟青玉峡，风度白纶巾。”华阳巾俗称隐士帽，由陶弘景所制，“披幅以象鹤翎”。文彦博有《华阳巾》诗，曰：“华阳山相遗巾法，蜀国乌纱学制成。公厌貂裘今已久，定知野服称高情。”

巾自然闲适、平淡简朴，衣裳也是如此。

大中祥符八年（1015），宋真宗将寇準贬为知永兴军。生日当天，寇準“排设如圣节仪，晚衣黄道服、簪花”。有人因此说寇準有叛心。叛心当然子虚乌有，倒是其所穿道服，是广受青睐的时尚衣着。熙宁四年（1071），欧阳修辞职退休，“凡有宾客上

文会图（局部） 北宋·赵佶（宋徽宗）

谒，率以道服、华阳巾，便坐延见”。宋仁宗时宰相张文懿退休后穿道服、戴道帽，苏轼、朱熹曾穿黄道服，连宋徽宗都穿过紫道服。道服本为道士之服，世俗之人取其斜领交裾、两裾直垂、衣袖宽大的形制，及自然飘逸、简单朴素、方便灵活的特点，以表达内心的追求，正如范仲淹所云：“道家者流，衣裳楚楚；君子服之，逍遥是与。”直掇、鹤氅是两种常见的道服样式。直掇又称直裰、道袍，形制为对襟大袖、皂缘、加襕。鹤氅为羽衣，形制除直领外，与直掇类似。咸平二年（999），王禹偁被贬黄州（今湖北黄冈），过上了闲适简朴的谪居生活：“公退之暇，披鹤氅衣，戴华阳巾，手执《周易》一卷，焚香默坐，消遣世虑。江山之外，第见风帆沙鸟、烟云竹树而已。待其酒力醒、茶烟歇，送夕阳、迎素月，亦谪居之胜概也。”在自然山水之中，服饰与内心追求已合二为一。

与道服同样受青睐的，是野服。北宋时，野服是“汴京时服”。绍熙二年（1191），年逾六旬的朱熹迁居建阳，“以野服见客”。罗大经曾拜访赵师恕，见其身着野服。刘克庄穿野服游蒲涧（在今广州），词曰：“羽扇尉佗城上，野服仙游阁下，辽鹤几时还。”野服又称便服，形制稍复杂：“（其服）上衣下裳：衣用黄白青皆可，直领，两带结之，缘以皂，如道服，长与膝齐；裳必用黄，中及两旁皆四幅，不相属，头带皆用一色，取黄裳之义也。别以白绢为大带，两旁以青或皂缘之。见侪辈则系带，见卑者则否。谓之野服，又谓之便服。”野服尽管衣与道服类似，但明显不如道服随意。见同辈时系白绢大带，足显礼仪规范。《周礼》云：“上士元裳，中士黄裳，下士杂裳。”野服“裳必用黄”，符合礼仪。朱熹对野服的“便”与“礼”有过直接的评价：“然而（野服）上衣下裳，大带方履，比之凉衫，自不为简。其所便者，但取束带足以为礼，解带可以燕居，免有拘绊缠绕之患、脱著疼痛之苦而已。”有了“礼”，自然闲适、平淡简朴就有了约束，不至于放浪不羁、有碍观瞻，含蓄有节因此得以彰显。这也是服饰儒雅化的特征。宋朝有一种纱制的公服，称为纱公服。因为轻薄通透、不甚雅观，故通常不允许官员穿。德庆（今属广东）有一任县令叫林会，穿纱公服会客，自称“遐陬僻郡，敢于纵肆”。时人对他行为的评价是：“其野如此。”包拯任三司使时，一次穿纱公服，阁门使让他更换。包拯反问：“有何条例？”阁门使回答：“不见旧例，只见至尊御此耳。”包拯不得已，只得换掉纱公服。有一叫刘绎的朝散郎则十分倒霉，因为穿纱公服而被降官。在《礼记》中有详细形制记载的深衣，因“衣裳相连，被体深邃”而得名，在宋朝时成为“士大夫之服”。司马光根据《礼记》的记载，自制深衣，经常穿着。朱熹自撰《深衣制度》，春夏穿着。究其原因，是深衣“应规、矩、绳、权、衡”，乃“规矩准绳之服”。最根本的，正如宋末金履祥在《深衣外传》中所言：“服其服，必思蹈其理焉。”

宋朝重文轻武，于是，武将的服饰中出现文官的元素，即“衷甲”与“武随文服”。这完全可以显示军服的儒雅化。衷甲，即“甲在衣中”。宋朝武官的衷甲最初是在铠甲外着绣衫。绣衫为宽袖短衫，有紫色、黄色、绯色、皂色、青色五色，背后有标志身份的绣文。南宋时，宽袖短衫变为宽大长袍。长袍的形制为广袖、大翻领、右衽，长及脚背，无带扣，以腰带系束。这样的服饰明显不适合战斗。“武随文服”指武官的朝服（礼服）、公服（日常朝见及办公所穿的制服）与文官相同，没有独立的形制。这是从服饰上确立“文在武上”的等级观念。武官在铠甲外着宽袖短衫、宽大长袍，或着文官的服饰，其形象也由勇猛粗放的武夫转变为文质彬彬的儒将。苏辙诗曰：“千夫奉儒将，百兽伏麒麟。”梅尧臣诗曰：“淮南命儒帅，塞上足封侯。”刘松年所绘《中兴四将图》中，岳飞、韩世忠、刘光世、张俊四人均服巾、圆领长袍、中单、腰带、靴，形象无一例外都是儒将，文武双全跃然纸上。可惜的是，文武双全最终也没能救得了两宋。

盆池

陆游

雨送疏疏响，风吹细细纹。
犹稀绿萍点，已映小鱼群。
傍有一拳石，又生肤寸云。
我来闲照影，一笑整纶巾。

译文

雨送来稀疏的响声，风吹起细细的波纹。

绿色的浮萍星星点点仍然稀疏，但已经能映射成群的小鱼。

附近有一座假山，云气又开始在这里集合。

我来到池边，悠闲地看着映照在水中的影子；笑了一笑，整理一下头上的纶巾。

第六章　美食

主食万状

经过唐朝的发展，宋朝饮食极其繁荣，主食品种之多、烹制之精，达到前所未有的程度。大致说来，主食主要有饭、馒头、包子、面条、饼（包括烧饼、笼饼等）、粥六类。

饭有麦饭、粟饭、黍饭、高粱饭、米饭、雕菰饭，还有用多种食料制成的青精饭、蟠桃饭、苍耳饭、玉井饭、蓬饭、胡麻饭、石髓饭、大骨饭、盘油饭（又称团油饭）、二红饭等。咸淳十年(1274)，章鉴拜相。此公喜好请客，但“饭食多不取诸市”。一日，诗人林洪造访。章鉴命人做饭：“削藕截作块，采新莲子去皮，心候饭少沸投之，如盦（ān）饭法（将米等放入盦中焖熟）。”此饭味道“甚香美”，林洪想起韩愈诗句“太华峰头玉井莲，开花十丈藕如船”，便将它命名为玉井饭。盘油饭又称团油饭，“以煎鱼虾、鸡鹅、猪羊、灌肠、蕉子、姜、桂、盐豉为之”。苏轼曰：“江南人好作盘游饭，鲊脯脍炙无不有，埋在饭中，里谚曰‘掘得窖子’。”苏氏友人、道士陆惟忠语出一联：“投醪谷董羹锅内，掘窖盘游饭碗中。”俏皮风趣呼之欲出。元丰三年（1080），苏轼被贬为黄州团练副使。公务之余，在城东种地。一年，收获大麦二十余石，“乃课奴婢舂以为饭。……复令庖人杂小豆作饭，尤有味，老妻大笑曰：‘此新样二红饭也。’”二红饭之名遂传于后世。美食与情怀相伴，食者既乐在其中，又彰显人生态度，这大概是宋人饮食流芳百世的关键所在吧。

宋朝闷饭、泡饭比较流行。闷饭即焖饭，又称畲饭，是大众化饮食。临安有衢州饭店，“又谓之闷饭店，盖畲饭也”，这种饭店面向普通食客，属于大众化食店。泡饭用开水或汤浸泡而成。靖康元年（1126）冬天，宋高宗与相州（今河南安阳）知府汪伯彦从相州渡黄河南逃，途中吃泡饭。南宋时，皇帝在殿试后唱进士名，“赐状元等三人酒食五盏，余人各赐泡饭”。临安的食店中，泡饭是必备的饭食之一。宋人喜食羊肉，自然用于泡饭，比较知名的有炕羊泡饭、羊肉泡饭。所谓炕羊，是用地炉烧烤涂满调味料的整只羊。在做好泡饭之后，将炕羊切片置于其上，即炕羊泡饭。隆兴元年（1163）五月三日晚，起居郎胡铨在皇宫中侍宴。宋孝宗赐给他炕羊泡饭，并说：“炕羊甚美食。”羊肉泡饭是用烹制好的羊肉羹汤制作泡饭，与今日做法类似。南宋皇帝在殿试发放试题时，“赐食于士子太学馒头一枚、羊肉泡饭一盏”。

与羊肉泡饭比起来，太学馒头大有来头。

宋朝馒头指今日的包子，太学馒头即今日发面的包子。馒头是太学学生冬天的餐食，宋神宗即位后，担心太学“饮食菲薄，未足以养士”。一天，下令“取学生食以进”，当天学生吃的是馒头。宋神宗尝后，曰：“朕以此养士，可无愧矣。”此后，太学馒头名扬天下。岳珂有诗《馒头》，描述了太学馒头的色泽、形状、馅心和老幼喜食的情景：“几年太学饱诸儒，余伎犹传笋蕨厨。公子彭生红缕肉，将军铁杖白莲肤。芳馨正可资椒实，粗泽何妨比瓠壶。老去齿牙辜大嚼，流涎才合慰馋奴。”在临安，太学馒头是人们早餐常吃的点心之一。

除太学馒头外，宋人所食的馒头还有四色馒头、杂色煎花馒头、糖肉馒头、羊肉馒头、笋肉馒头、鱼肉馒头、蟹肉馒头、假肉馒头、笋丝馒头、裹蒸馒头、灌浆馒头、菠菜果子馒头、辣馅糖饭馒头、炙焦馒头等。万家馒头、孙好手馒头与临安朱家馒头，是汴京知名的馒头品牌。

包子的叫法在宋朝已经出现。大中祥符八年（1015），在太子赵祯（即宋仁宗）生日时，宋真宗高兴，“宫中出包子以赐臣下，其中皆金珠也”。嘉祐四年（1059）五月，宋仁宗妃子周氏生下一女，“宰臣以下（赐）包子”。蔡京的府中有专门做包子的“包子厨”，而且分工细致，有切葱丝等环节，堪比今日制作包子的流水线。汴京的饭店提供各种包子外卖，夜市上也有包子出售，知名的品牌有王楼山洞梅花包子、鹿家包子。临安有包子酒店，出售薄皮春茧包子、虾肉包子；食店卖的包子有细馅大包子、水晶包儿、笋肉包儿、虾鱼包儿、江鱼包儿、蟹肉包儿、鹅鸭包儿、七宝包儿等。

既然宋朝馒头是今日的包子，那么包子为何物？一种解释是，包子即馒头。《康熙字典》曰：“仁宗诞日，赐群臣包子，即馒头别名。”今日有研究者认为，包子与馒头的制作方法相同，但形状不一样。另一种解释是，包子指牢九（又称牢丸）。陆游诗作

《与村邻聚饮》曰："蟹供牢九美。"其下有注："闻人懋德言：《饼赋》中所谓牢九，今包子是也。"陆游又有诗作《食野味包子戏作》曰："牢九已登盘。"牢九到底是什么东西，现在有汤团、蒸饼、饺子、包子等说法。至于哪一种说法更为合理，则见仁见智。

宋朝面条又称为面、汤饼、索饼等，品种多样。按照烹饪方式分，有凉面、炒面、烩面、燠面、煎面、泼面等。凉面极为流行，又称冷淘、淘，有抹肉银丝冷淘、笋燥齑（jī）淘、丝鸡淘、熟齑笋肉淘面、乳齑淘、笋齑淘、笋菜淘面、笋淘面、大小抹肉淘等。夏天时，太学向学生供应凉面。苏轼向人推荐过槐芽温淘："南都麦心面作槐芽温淘，糁襄邑抹猪。"南都（即河南商丘）所产面粉质量极佳，用它与槐芽制作凉面，搭配襄邑（今河南睢县）名菜抹猪（即红烧猪肉），自然是上等口味的佳肴。王禹偁让厨子制作过甘菊冷淘："采采忽盈把，洗去朝露痕。俸面新且细，溲摄如玉墩。随刀落银缕，煮投寒泉盆。"按照形状分，有棋子面、蝴蝶面、耍鱼面等。棋子面有三鲜棋子、虾燥棋子、虾鱼棋子、丝鸡棋子、素棋子等多种。按照配料分，有素面、菜面、鱼虾面、燥子面（即臊子面）及各种肉面。此外还有疙瘩面、玉延索饼（用山药粉制成），以及用食料与面粉合制的桐皮面、百合面、萝菔面（即萝卜面）等。

随着人员流动，各地风味的面条四处传播。汴京有四川及南方风味的面条，如川饭店卖的插肉面、大燠面、大小抹肉淘，南食店卖的桐皮熟脍面。面条的广泛流行，以至于街上有人玩倒吃面条的把戏。因为南迁的北方人多，临安市面上销售的北方各地风味的面条达数十种，当然也少不了四川风味的面条。

饼在宋朝是面食的统称，品种因为制作方法不同而不同："凡以面为食具者，皆谓之饼。故火烧而食者，呼为烧饼；水瀹（yuè）而食者，呼为汤饼；笼蒸而食者，呼为蒸饼；而馒头谓之笼饼，宜也。"蒸饼又称为炊饼，因避讳宋仁宗赵祯而得名。烧饼、蒸饼是统称，汤饼、笼饼之外的饼，大都属于这两种，常见的有蜜和油蒸饼、宿蒸饼、秤锤蒸饼、睡蒸饼、焦蒸饼、层儿炊饼、炙蒸饼（又名琼酥叶）、不炙炊饼与糖蜜酥皮烧饼、七色烧饼等。宋人常食的煎饼、肉饼、油饼、油酥饼、菜饼、韭饼、糖饼、髓饼、乳饼等，属于烧饼类；枣箍荷叶饼、芙蓉饼、菊花饼、月饼、梅花饼、开炉饼等，属于蒸饼类。汴京海州张家饼店与郑家饼店，各有五十多个炉子，饼的销量很大，足见宋人极其喜欢食饼。

煎饼值得一提。宋人有在人日（正月初七）食煎饼的习俗，即人日煎饼会。还有在人日以煎饼送穷的习俗。到天穿节时，有系煎饼的习俗，以象征补天。李觏（gòu）诗曰："娲皇没后几多年，夏伏冬愆任自然。只有人间闲妇女，一枚煎饼补天穿。"

宋人还用饼搭配其他食料制作点心或菜肴，如玉灌肺。玉灌肺使用八种食料，味道别致，制作方法简单："真粉，油饼，芝麻、松子、胡桃去皮，加莳萝少许，白糖、红曲少许，为末，拌和入甑蒸熟，切作肺样块子，用辣汁供。"南宋宫廷将它命名为"御爱玉灌肺"，"以此见九重崇俭、不嗜杀之意"。将这两种意图附着于美食之上，于南宋皇帝而言，明显过于勉强，而且虚伪。

胡饼也是宋人喜食的饼类。每年十月十二日，北宋皇帝在集英殿宴请百官及诸国使节，第四盏酒、第七盏酒的佐酒食品有胡饼（一说佐酒食品分别为白肉胡饼、排炊羊胡饼。形成此说的原因在于断句）。宋度宗每年四月初八为皇太后举办生日宴，第四盏酒、第七盏酒的佐酒食品有胡饼（一说佐酒食品分别为白肉胡饼、排炊羊胡饼，原因同前文）。淳熙（1174—1189）年间，皇帝在集英殿宴请金国使节，看食（即点心）有白胡饼，第四盏酒时有胡饼（一说白肉胡饼，原因同前文）。汴京有数量众多的胡饼店，品种有“门油、菊花、宽焦、侧厚、油碢、髓饼、新样、满麻”。其他卖胡饼的食店也有很多，马行街夜市上有猪胰胡饼出售。临安出售胡饼的店铺、摊贩随处可见，不亚于汴京。

猪胰胡饼、白胡饼等诸种胡饼的形制及制作方法，今已失传。可以知道的是，胡饼有在炉中烤制的，也有蒸制的，类似于烧饼与蒸饼。尹洙与欧阳修、梅尧臣等人是好友。一次，与众人同游嵩山，尹洙说：“游山须是带得胡饼炉来，方是游山。”众人群起而攻之。胡饼制作用炉子，可见其是烤制的。临安食店出售的“蒸作从食”中有胡饼，可见其是蒸制的。胡饼表面有胡麻（即芝麻）。唐朝时，有一种带馅的特大胡饼“古楼子”。想必宋朝也有带馅的胡饼，但无直接的记载。

宋人食粥，连今人都难以望其项背。不仅米、豆、果、蔬、草、木、动物及其内脏等各种食材、药材，均可用来煮粥，而且有据可查的粥的品种，多达三百余种。根据煮粥的材料，宋朝的粥可大致分为豆谷类、果蔬类、花草类、动物类四类，常见的有籼米粥、焦米粥、陈米粥、粳米粥、香稻米粥、糯米粥、麦粥、秫（shú）米粥、黍米粥、粱米粥、粟米粥、黄豆粥、黑豆粥、绿豆粥、赤豆粥、豌豆粥、蚕豆粥、扁豆粥、山药粥、甘蔗粥、梅粥、荼蘼粥、菊花粥、桂花粥、鲫鱼粥、鸡子粥、雌鸡肉粥、乌鸡肝粥、羊脊骨粥、猪肾粥等。

宋朝粥之所以发达，原因在于其不仅可以用来疗病，还可用来养生。张耒作《粥记》，以每日食粥为养生之要，陆游作《食粥》诗："张文潜有食粥说，谓食粥可以延年。予窃爱之。"苏轼甚至说："吾无求于世矣，所须二顷田，以足饘（zhān）粥耳。"

有趣的是，吃粥然后睡一觉是宋朝文人心目中的美事。苏轼曰："粥既快美，粥后一觉，妙不可言。"陆游记录护圣杨老的话，也是如此："平旦粥后就枕，粥在腹中，暖而宜睡，天下第一乐也。"李之仪诗曰："粥后复就枕，梦中还在家。"

今人喜食的腊八粥，始于宋朝。它在宋朝有多个称呼，如七宝五味粥、七宝粥、五味粥、侑僧粥、佛粥、咸粥等。每年十二月初八，汴京"诸大寺作浴佛会，并送七宝五味粥与门徒，谓之腊八粥"。绍兴（1131—1162）年间任鄱阳太守的王洋诗曰："腊月八日梁宋（梁，汴京古称；宋，今河南商丘）俗，家家相传侑僧粥。"陆游《十二月八日步至西村》诗曰："今朝佛粥更相馈，更觉江村节物新。"据此三条诗文可知，腊八粥起源与佛教有关，最初是梁、宋一带的习俗。至于"七宝五味"的具体所指，则不得而知。宋人吕希哲有粗略的记载："（十二月八日）僧家以乳、蕈（xùn）、胡桃、百合等造七宝粥，亦谓之咸粥。"前述王洋诗也有大致的描述："栗桃枣柿杂甘香，蔆椇（jǔ）芝栭（ér）俱不录。"俗家的腊八粥与佛家有所区别："（汴京十二月初八）各家亦以果子杂料煮粥而食也。"到了南宋，佛家、俗家的腊八粥开始趋同："八日，则寺院及人家用胡桃、松子、乳、蕈、柿、栗之类作粥，谓之腊八粥。"此后，腊八粥流传至各地，并代代相传，成为粥文化的一个代表性符号。

食粥

陆游

世人个个学长年，不悟长年在目前。

我得宛丘平易法，只将食粥致神仙。

译文

世间的人个个都学习延年益寿的方法，却没有明白延年益寿就在眼前。

我找到宛丘先生张耒简单易行的方法，只是吃粥就可以像神仙一样。

文会图（局部） 北宋·赵佶（宋徽宗）

名菜迭出

绍兴二十一年（1151）十月，清河郡王张俊在府中大摆筵席，宴请宋高宗及宰相秦桧等数百名官员。在一阵阵悠扬的丝竹声和一缕缕扑鼻的异香中，红消儿、雕花笋、蜜冬瓜鱼儿、香药木瓜、椒梅、香药藤花、肉线条子、肉腊、旋鲊、金山咸豉、肉瓜齑、炙鹌子脯、润鸡、羊舌签、香螺炸肚、煨牡蛎、螃蟹酿枨(chéng)、莲花鸭签、南炒鳝、水母脍、三脆羹等一百九十五道名菜、名点、名果，盛在宝器名瓷中，陆续摆到众人面前。张俊的权势、财富足以让他请动宋高宗，撑起恢宏的排场。但从菜肴角度而言，宋朝名菜佳肴迭出，遍及禽畜肉、水产、蔬菜、羹，这些才是这场豪门盛宴成功举办乃至名震史册的关键所在。

宋人喜食羊肉超乎寻常。皇家“饮食不贵异味，御厨止用羊肉，此皆祖宗加法”。嘉祐八年（1063）宋仁宗去世后，“百官及诸军朝醻皆给酒肉，京师羊为之竭”。宋神宗时，御厨一年使用羊肉的量，高达四十三万四千四百六十三斤四两。皇家宴会及街市上酒楼、食店、摊贩出售的羊肉类食品，除了主食，还有多种用羊肉、羊骨、羊杂等烹制的菜肴，著名的有旋鲊（zhǎ）、蒸羊、炊羊、炕羊、羊四软、鼎煮羊、山煮羊、五味杏酪羊、羊头黿(yuán)鱼、羊蹄笋、细抹羊生脍、旋煎羊白肠、批切羊头等。开宝末年，吴越王钱俶到汴京朝拜宋太祖。宋太祖命御厨制作南食，御厨“一夕取羊为醢，以献焉，因号旋鲊”。旋鲊本指短暂腌渍的鲜鱼，御厨用羊肉做酱，用时短而且味道新鲜可口，故用此名。到南宋时，皇帝举办重要宴会，第一道菜就是旋鲊。蒸羊指用葱、姜、豆豉等蒸制羊肉，蒸制方式有多种，如酒蒸羊、鳖蒸羊、蒸软羊、五味杏酪羊、烂蒸大片（又称盏蒸羊）等，甚至有采用于阗国做法的于阗法全蒸羊。炊羊是何种烹制法不详，大约属于煮一类，有乳炊羊、排炊羊、绣炊羊等。林洪所撰《山家清供》载有山煮羊的烹制方法：“羊作脔，置砂锅内，除葱、椒外，有一秘法，只用捶真杏仁数枚，活火煮之，至骨亦糜烂。”更始政权官员赵萌专权，为膳夫庖人授官：“灶下养，中郎将。烂羊胃，骑都尉。烂羊头，关内侯。”林洪因此为山煮羊而感叹：“每惜此法不逢汉时，一关内侯何足道哉!”鼎煮羊的烹制方法当与此法类似。

《山家清供》载有一道名字文艺范儿十足的菜肴拨霞供，具体吃法是：“遇雪天，得一兔……山间只用薄批，酒、酱、椒料沃之，以风炉安座上，用水少半铫，候汤响，一杯后各分以箸，令自夹入汤，摆熟啖之，乃随宜各以汁供……猪、羊皆可。”此种吃法类似于今日涮火锅。据此推断，宋朝已有涮羊肉。

与羊肉相比，皇家食用猪肉的数量寥寥。宋太祖时，有“御厨不登彘肉”之说。此后，皇家开始食用猪肉，但数量仍稀少。宋神宗时，御厨一年使用猪肉的数量，只有四千一百三十一斤。到南宋时，猪肉使用的数量才大大增加，但仍不及羊肉。绍兴十三年（1143）十二月，宋高宗下诏："临安府限一日收买羊一百口，猪三十口。"猪肉因此价格便宜，是深受平民百姓喜爱的肉类。

宋人食用猪肉分肉、骨、头、蹄、内脏，与今人一致。用猪肉烹制的名菜有东坡肉、水晶脍、笋泼肉、算条巴子、红熬大件肉、煎熬肉、红白熬肉、猪肉大骨、蒸猪头肉、蹄脍、杂煎事件（"事件"指的是动物内脏）、杂熬蹄爪事件、肚尖、银丝肚、炒白腰子等。东坡肉相传由苏轼创制。常见的传说是，苏轼在知杭州期间烹制的猪肉味美肉酥、肥而不腻，东坡肉遂广为流传。但是，此说并无确切证据。东坡肉的说法出现于明朝。明人沈德符所撰《野获编》曰："肉之大胾不割者，名东坡肉。"明末清初彭孙贻有《东坡肉》诗，认为东坡肉源于苏轼，并粗略地描述了烹制方法："雕盘肥胾（zì）截肪多，学士风流奈老何。文火条桑三转雪，松声桂酱一时和。黄州睡起消红脔，佛印供来卷白波。笑杀长斋断屠客，空将诗翰爱东坡。"另外，此诗提及黄州、红脔，意为苏轼谪居黄州时创制东坡肉。这与苏轼诗作《猪肉颂》一脉相承。当然，彭孙贻之说也无证据支持。巴子又称豝，指干肉，在宋朝十分流行，有脆筋巴子、獐巴、生削巴子、胡羊豝、兔豝、算条红羊豝、鹿肉豝子等多种。算条巴子指长条状的干肉，制作方法简便易行："猪肉精肥，各另切作三寸长，各如算子样，以砂糖、花椒末、宿砂末调和得所，拌匀、晒乾、蒸透。"建隆三年（962），王全斌平蜀后追捕余寇，途中饥饿，村寺主僧"馈之以蒸猪头"。王全斌食之甚美，主僧赋《食蒸豚》诗："嘴长毛短浅含膘，久向山中食药苗。蒸处已将蕉叶裹，熟时兼用杏浆浇。红鲜雅称金盘饤，软熟真堪玉箸挑。若把膻根来比并，膻根只合吃藤条。”从饲养过程到蒸制方法，都精心安排，最后蒸猪头肉的色、香、味超过羊肉（即诗中所言的“膻根”），是必然的了。炒白腰子系将猪腰子经沸水氽至白色后炒制而成。它只是猪腰子多种烹制方式中的一种，其他的还有赤白腰子、荔枝白腰子、炙腰子、还元腰子、焙腰子、盐酒腰子、脂蒸腰子、酿腰子、腰子假炒肺、大片腰子等。这充分说明宋人烹制猪内脏，不仅讲究方法，而且追求调味。

宋人食用家禽多为鸡、鸭、鹅。以它们为主料烹制的知名菜肴有：黄金鸡、脯鸡、炙鸡、八焙鸡、酒蒸鸡、炒鸡、红熬鸡、麻腐鸡皮、罐里熬鸡丝粉、鸡丝签、笋鸡、五味炙小鸡，炙鸭、熬鸭、煎鸭子、盐鸭子、燠鸭、脯鸭、鸭签、八糙鹅鸭、鹅鸭排蒸、熬炕鹅鸭，炙鹅、熬鹅、糟鹅事件、鲜鹅鲊、笋鹅、白炸春鹅、五味杏酪鹅、间笋蒸鹅、绣炊鹅、鹅排炊等。

宋律规定“诸故杀官私牛者，徒一年半……主自杀牛马者，徒一年”，但这不能阻止宋人食牛肉的热情。大中祥符九年（1016），一名宦官告诉宋真宗，自己在从洛阳回汴京的途中，“道逢鬻牛肉者甚众”。司勋员外郎孔宗闵曾上书宋真宗称：“浙民以牛肉为上味。”在婺州赤松观，道士们“每饮必斗余，买牛肉就道室煮食，醉饱即卧”。南宋官员胡颖去一地做官，发现卖牛肉的比比皆是。张耒诗曰：“社南村酒白如饧，邻翁宰牛邻媪烹。”洪迈诗曰：“明日我过君，烹牛啖社客。”不过，与羊肉、猪肉、家禽比起来，牛肉的吃法单调得多。见诸诗文的，仅有牛脯、煮、炙、带骨烧等数种。

除羊肉、猪肉、家禽、牛肉外，宋人食用的肉类还有兔肉、獐肉、鹿肉、飞禽等。用这些烹制的知名菜肴有拨霞供（涮兔肉）、炒兔、葱泼兔、兔粑、润兔、獐巴、炙獐、鹿脯、清撺鹿肉、鹿肉粑子、清撺鹌子、八糙鹌子、红熬鸠子等。另外，蛙肉、蛇肉已经走上宋人的餐桌。闽、浙、湖湘一带的人食蛙，引起中原人的嘲笑。杭人喜食炙蛙。成都人与杭人一样，甚至以炙蛙馈赠亲朋。岭南人食蛇，以蛇为羹。苏轼的妾朝云在食蛇羹后丧命。广西人也食蛇，但吃法不得而知。

治平四年（1067），欧阳修由颍州（今安徽阜阳）移知亳州（今属安徽），在给长子欧阳发的一封信中，称赞颍州“巨鱼鲜美，虾蟹极多，皆他郡所无”。生活在这样的环境中，“闲居之乐，莫此若也”。欧阳修喜食鱼、蟹、虾，颇能代表宋人的口味。

宋人嗜好食鱼。大观四年（1110），蔡京被贬居杭州。途经新开湖（今江苏高邮湖）时，蔡京“睹渔艇往还上下”，就让儿子蔡絛喊来一条船，“戏售鱼可二十鬣，小大又勿齐。问其直，曰：‘三十钱也。’”蔡絛没有砍价，让随从拿出三十钱买下鱼。蔡京位极人臣，食鱼不论大小，喜好程度不可谓不深。绍熙二年（1191）冬天，武陵（今属湖北）少年张道僧在溪水边钓到一条鱼。在溪西的陈长三看见，“度水求之”，但张道僧不同意。陈长三“携鱼去”，张道僧“度溪追蹑”。到岸边后，两人撕打，张道僧“举足，适中陈隐处”，陈长三当即死亡。为鱼打架丧命，足见鱼的美味对宋人诱惑力之大。最能体现宋人嗜好食鱼的，是用鱼烹制的菜肴众多，有鲈鱼脍、鲤鱼脍、鲫鱼脍、沙鱼脍、两熟鲫鱼、两熟紫苏鱼、酒蒸白鱼、酒蒸石首、酒煮鲫鱼、冻白鱼、冻石首、油炸春鱼、燥子沙鱼丝儿、姜燥子赤鱼、水龙江鱼、酥骨鱼、煎鱼、鲞鱼、大鱼鲊、鱼头酱、炙鳅、炒鳝、银鱼炒鳝等。

宋人对蟹的喜爱程度不亚于鱼。赵昚（shèn）（即宋孝宗）年幼时患痢疾，众御医医治无效。一小药铺医生诊断为“食湖蟹多，故致此疾”，然后“用新米藕节细研，以热酒调服”，赵昚数服而愈。宋高宗大喜，赐给医生金杵臼并封官，世称其“金杵臼严防御家”。杭人钱昆曾申请到外地任职，要求只有两个：“但得有螃蟹、无通判处，则可矣（通判为监察知州之官，两者常争权，故有此说）。”湖州医生沙助教的母亲嗜食蟹，每年到蟹上市时，都会买数十只，“置大瓮中，与儿孙环视，欲食则择付鼎镬”。昆山人沈十九会装裱书画，却能“以煮蟹自给”，可见食蟹者众。在宋人眼里，蟹是“食品之佳味”，“不食螃蟹辜负腹”，嗜食蟹是顺理成章的事。但在文人看来，食蟹多了一层对雅致的精神追求，所谓“无肠公子（指蟹）也风流”“蟹之风月元无价”是也。

用蟹烹制的菜肴也很多，有炒蟹、渫蟹、酒蟹、糟蟹、盐蟹、蟹鲊、蟹签、洗手蟹、酒泼蟹生、五味酒酱蟹、橙醋赤蟹、蟹酿橙、枨酿蟹、柰（nài）香盒蟹、蝤蛑（yóu móu）（即梭子蟹）签、蝤蛑辣羹、白蟹辣羹、辣蟹羹等。在这些菜肴中，洗手蟹、蟹生较为特别。按照宋人高似孙所撰《蟹略》的说法，洗手蟹与蟹生是一回事，都是生吃：“黄太史赋云：‘蟹微糟而带生。’今人以蟹沃之盐酒，和以姜橙，是蟹生，亦曰洗手蟹。东坡诗‘半壳含黄宜点酒’，即此也。”宋人傅肱（gōng）所撰《蟹谱》中的介绍与此类似，但说明了洗手蟹名称的由来：“北人以蟹生析之，酤以盐梅，芼以椒橙，盥手毕，即可食，目为洗手蟹。”据浦江吴氏所撰《中馈录》，蟹生是蟹烹熟后放冷，然后加调料食用：“用生蟹剁碎，以麻油先熬熟，冷，并草果、茴香、砂仁、花椒末、水姜、胡椒俱为末，再加葱、盐、醋共十味，入蟹内拌匀，即时可食。”这三种说法中，最有可能的情形是，洗手蟹与蟹生不是一回事，前者是生吃，后者是烹熟后再冷吃。

与鱼、蟹相比，虾类菜肴毫不逊色，有姜虾、擶望潮青虾、炙青虾、酒法青虾、青虾辣羹、酒法白虾、紫苏虾、芥辣虾、望潮卤虾、炒白虾、虾鲊、虾腊、水荷虾儿、虾茸、虾王蝉辣羹、虾燕假奶、茶虾鱼、水龙虾鱼、虾圆子、麻饮鸡虾粉、虾臊、鲜虾蹄子脍、虾枨脍等多种。

在鱼、蟹、虾之外，宋人常食的水产还有蚶子、蛤蜊、螺、蛏（chēng）子、蛎、江瑶等。用它们烹制的菜肴也有多种，如枨醋蚶、炸肚燥子蚶、酒焐鲜蛤、蛤蜊淡菜、姜醋生螺、香螺脍、蛏酱、酒掇蛎、生烧酒蛎、酒浇江瑶、生丝江瑶等。

宋朝蔬菜的门类约四十种，较之今日已基本俱全，而且种植区域分布广泛。宋人十分重视蔬菜，有“蔬亚于谷”之说，消费量巨大。汴京菜农纪生靠种菜养活全家三十口人，病危时告诫儿孙：“此二十亩地，便是青铜海也。”淳熙八年（1181）进士王奭（shì）不许子孙仕宦，“每年止种火苗玉乳萝卜、壶城马面菘，可致千缗”。南宋朝廷重视宴会上的蔬菜类菜肴，设有菜蔬局，主要负责蔬菜供应。另外，宋朝都市的繁荣与交通的发展，大大便利了蔬菜的运输与销售。具备了这些条件，蔬菜类菜肴的烹制如虎添翼。

据统计，蔬菜类菜肴多达一百余种，较为流行的有东坡豆腐、姜油多、笋鲊、傍林鲜、茭白鲊、薤（xiè）花茄儿、辣瓜儿、藕鲊、冬瓜鲊、胡萝卜鲊、山家三脆、酒煮玉蕈、酥黄独、皮酱、糟黄芽、糟瓜齑、脂麻辣菜、拌生菜、盐芥等。

值得一提的是，“豆腐”一词最早出现于宋朝：“时戢（jí）为青阳丞，洁己勤民。肉味不给，日市豆腐数个。邑人呼豆腐为小宰羊。”除了小宰羊，豆腐其时还有多个称呼，如乳脂、犁祁、盐酪等。豆腐名为小宰羊，形容其味美堪如羊肉，可以填补“肉味不给”。豆腐味道虽美，但见于记载的宋人吃法，却仅有东坡豆腐、雪霞羹、啜菽、蜜渍豆腐、加料麻辣熬豆腐、煎豆腐、豆腐羹等有限几种。东坡豆腐烹制方法有两种：“豆腐葱油煎，用酒研榧子一二十枚，和酱料同煮。又方，纯以酒煮。俱有益也。”雪霞羹为豆腐与芙蓉花同煮，啜菽系豆腐蘸料。蜜渍豆腐与啜菽类似，即用豆腐蘸蜜。加料麻辣熬豆腐见于《水浒传》第三十九回：“酒保道：‘加料麻辣熝豆腐，如何？’戴宗道：‘最好，最好！’”这道菜的做法无从考证，但顾名思义，或与今日麻辣豆腐、麻婆豆腐类似。以豆腐为辅材、见于记载的吃法更少，有河祇粥、自爱淘等。

蔬菜的发展推动了素食的兴盛。汴京、临安有专卖素食的食店素分茶（又称素食分茶、素茶），较知名的是位于相国寺东的丁家素茶。其他食店也销售素食。比较流行的素食，有素签、素面、素点心、七宝素粥、香辣素粉羹、细粉小素羹、笋粉素食、素骨头面及仿荤素食等。仿荤素食有假鼋鱼、假沙鱼、假乌鱼、假熬蛤蜊肉、油炸假河豚、假炙鸭、假熬鸭、假炙江瑶、假炙鲎、假炙野味、假淳菜腰子、假炒肺、假牛冻、假驴事件、假羊事件、假前白肠、小鸡假花红清羹、五色假料头肚尖、假团圆燥子、假肉馒头等。绍圣元年（1094），曾布、彭几与僧人惠洪三人，“过兴国寺河上，食素分茶，甚美”。可见素食也很美味。

对宋朝名菜的理解，如果仅停留在禽畜肉、水产、蔬菜的各式菜肴上，仍有一知半解之嫌。因为这种理解忘了宋朝名菜中一个重要的类别——羹。宋朝羹大致可分菜羹、用动物肉制作的荤羹、用菜与动物肉合制的羹三类，但品种之多，有些让人咋舌。除前文提及的，知名的羹还有东坡羹（又称骊塘羹）、龙鹤羹、巢羹、芋糁羹、骨董羹、碧涧羹、玉糁羹、锦带羹、甜羹、果木翘羹、葅头羹、藜羹、莼羹、石首玉叶羹、决明三陈羹、决明四鲜羹、石髓羹、新法鹌子羹、群仙羹、金丝肚羹、血羹、粉羹、缕肉羹、鱼羹、撺鲈鱼清羹、小鸡圆鱼羹、小鸡二色莲子羹、血脏羹、血脏豆腐羹、羊血粉羹、金玉羹、田螺羹、蚶子辣羹、江瑶清羹、群鲜羹、百味羹、杂彩羹、头羹、软羹等。这些羹中有的制作方法简单，如金玉羹："山药与栗各片截，以羊汁加料煮。"有的制作方法则精细讲究，如东坡羹："以菘，若蔓菁，若芦菔，若荠，皆揉洗数过，去辛苦汁。先以生油少许涂釜缘及瓷碗，下菜汤中。入生米为糁，及少生姜，以油碗覆之，不得触，触则生油气，至熟不除。其上置甑，炊饭如常法。碗不可遽覆，须生菜气出尽乃覆之。羹每沸涌，遇油辄下，又为碗所压，故终不得上。不尔，羹上薄饭，则气不得达而饭不熟矣。饭熟羹亦烂可食。若无菜，用瓜、茄，皆切破，不揉洗，入罨（yǎn），熟赤豆与粳米半为糁。余如煮菜法。"另外一些羹的做法，如群仙羹、百味羹、杂彩羹、软羹等，只能靠想象了。或许，这也是宋朝美食的魅力。

1997年，美国《生活》杂志秋季号评出"千年来改变世界的100件大事"。排在第五十六位的，是宋朝汴京的餐馆。以宋朝名菜佳肴迭出而言，此结论绝对信而有征。

猪肉颂

苏轼

净洗铛，少著水，柴头罨烟焰不起。

待他自熟莫催他，火候足时他自美。

黄州好猪肉，价贱如泥土。

贵者不肯吃，贫者不解煮。

早晨起来打两碗，饱得自家君莫管。

译文

洗干净锅，放少许水；点燃柴草，盖住烟，让火苗不冒。

等待它自己熟，不要催促它；火候足了的时候，它自然会味道美妙。

黄州有这样好的猪肉，价钱低得像泥土一样。

富贵的人不愿意吃，贫穷的人不会煮。

我早晨起床盛两碗，自己吃饱了便不要你理会。

斗茶风行

两宋茶事，今人通常推斗茶为第一。这样评价宋朝的斗茶，毫无违和之感。

斗茶又称茗战，始于唐朝。宝历（825—827）年间，常州刺史贾氏与湖州刺史崔氏邀请时任苏州刺史的白居易赴茶宴，白居易因病未能成行，作诗曰："紫笋齐尝各斗新。"紫笋茶产于常州、湖州交界处的顾渚山，在唐朝时为贡茶。所谓"斗新"，指在贡新之际比试新茶的品质。

宋朝茶叶产量大大超过前朝。有研究者推算，北宋年产量逾五千三百万斤，年人均拥有量超一斤；南宋年产量约四千七百万斤，绍兴时期年人均拥有量超两斤。茶坊、茶肆、茶楼、茶房、茶摊遍布城市与乡村集镇，饮茶全民普及，以至于"夫茶之为民用，等于米盐，不可一日以无"。在如此时代之中，斗茶风行理所当然。

记述宋人斗茶情景最详细的，当数范仲淹《和章岷从事斗茶歌》。《和章岷从事斗茶歌》曰："北苑将期献天子，林下雄豪先斗美。鼎磨云外首山铜，瓶携江上中泠水。黄金碾畔绿尘飞，紫玉瓯心雪涛起。斗余味兮轻醍醐，斗余香兮薄兰芷。”由此可知，宋人斗茶缘起贡茶（即北苑茶），与唐人无别；斗茶选择特定的茶叶，以味、香评判胜负。

除北苑茶外，斗茶所选的茶叶还有白叶茶的芽叶：“（白叶茶）芽叶如纸，民间以为茶瑞，取其第一者为斗茶，而气味殊薄，非食茶之比。”这类茶叶产量少，“茶芽，斗品虽最上，园户或止一株，盖天材间有特异，非能皆然也”，是茶中珍品，故而有人铤而走险，用“白合盗叶（焙制团饼茶的茶叶中夹杂着不合质量要求的对夹叶和粗老叶）”与茶牙相杂谋利。

宋朝诗文中经常出现“点茶”。点茶又称泼茶、试茶，是“四般闲事”之一：“俗谚云：烧香、点茶、挂画、插花，四般闲事。”它的过程是以沸水（即汤）冲点末茶，用工具（通常为筅或匙）击打，从而形成乳花（乳白色的泡沫），即“碾茶为末，注之以汤，以筅击拂”。孔平仲《会食》诗曰：“泼茶旋煎汤，就火自烘盏。”陆游《试茶》诗曰：“苍爪初惊鹰脱韝，得汤已见玉花浮。”大观元年（1107），宋徽宗撰成《大观茶论》，其中有“点”条，描述了点茶的过程。整个过程分七次注汤，即“七汤”，每次的注水量、击打力度与技巧、所达目标都有不同的要求。如能形成乳花，则为点茶胜者。有时以乳花保持时间久者为胜。蔡襄所撰《茶录》中“点茶”条曰：“钞茶一钱匕，先注汤，调令极匀，又添注之，环回击拂。汤上盏，可四分则止，视其面色鲜白、著盏无水痕为绝佳。建安斗试以水痕先者为负，耐久者为胜。故较胜负之说曰：相去一水两水。”欧阳修诗曰：“停匙侧盏试水路，

十八学士图（局部） 宋・佚名

拭目向空看乳花。”乳花在盏中泛起，久久不散，称为咬盏，咬盏是点茶的最佳境界。梅尧臣诗曰：“烹新斗硬要咬盏。”

在点茶之前，需要熁（xié）盏（又称烘盏），即将盏烘烤热。孔平仲诗句“就火自烘盏”、释德洪诗句“试茶正要旋烘盏”，正是说这个。

至于乳花如何形成，今人不易理解。乾道六年（1170），陆游入蜀为官，途中遇熊教授曰：“建茶旧杂以米粉，复更以薯蓣（yù），两年来又更以楮芽，与茶味颇相入，且多乳，惟过梅则无复气味矣。”熊氏道出了乳花形成的原因，是在茶的制作过程中加入米粉、薯蓣、楮芽一类的东西。这些东西的用量多少，对乳花的形成至关重要。茶的质量影响点茶胜负结果，大抵指此。

前引诗文中“斗试”“斗硬”，已有斗茶之意。范仲淹诗句“鼎磨云外首山铜，瓶携江上中泠水。黄金碾畔绿尘飞，紫玉瓯心雪涛起”，虽缺少击拂的直接描述，但与点茶的过程无异。而且点茶讲究技巧，结果以胜负论，与斗茶一致。故可认为，点茶为斗茶中最重要的一个环节。

不过，范仲淹眼中斗茶以味、香评判胜负，与点茶以能否形成乳花、乳花保持时间长短评判胜负不同。两者所斗的项目不同，对茶叶的要求也就不同。点茶要求所用的茶叶“茶色贵白”。不同的白色有等级之分：“点茶之色，以纯白为上真，青白为次，灰白次之，黄白又次之。”蔡襄解释了原因：“黄白者，受水昏重；青白者，受水详明。故建安人开试，以青白胜黄白。”黄儒在《品茶要录》中提出了不同于蔡襄的看法：“君谟论色，则以青白胜黄白。余论味，则以黄白胜青白。”两人观点的差异，恰恰说明了所斗的项目不同。

点茶对水质、水味、汤候及所用的汤瓶、盏等茶具有要求。对于水质、水味，要求清轻甘洁。因此，用水“当取山泉之清洁者”。次之，“井水之常汲者为可用”。至于江河水，“则鱼鳖之腥，泥泞之污，虽轻甘无取”。对于汤候，有视、听两种要求。一种要求是观察，连续出现鱼目蟹眼即可。另外一种要求是听声，在二沸、三沸之间即可。煮水的瓶称为汤瓶。对于汤瓶，蔡襄认为要小，材质以黄金为上。宋徽宗认为，汤瓶的材质以金银为宜，大小则不重要，重要的是瓶嘴的形状：“瓶宜金银，小大之制，惟所裁给。注汤害利，独瓶之口嘴而已。嘴之口差大而宛直，则注汤力紧而不散；嘴之末欲圆小而峻削，则用汤有节而不滴沥。盖汤力紧，则发速；有节不滴沥，则茶面不破。”宋人点茶用盏，讲究青黑色、细纹，与茶色相映成趣。另外，点茶前需熁盏。建盏色黑，有兔毫纹，而且壁厚，不易冷却，完全满足这两点。故建盏备受宋朝斗茶者青睐。在宋徽宗看来，好盏还要求底部有一定的宽度和深度。

宋朝斗茶之风盛行。宋徽宗有诗描述宫中斗茶：“上春精择建溪芽，携去芸窗力斗茶。点处未容分品格，捧瓯相近比琼花。”宣和二年（1120）十二月，他召宰执、亲王、学士到延福宫宴饮，亲自表演点茶。官员无事，以斗茶为乐：“军垒无多事，朝晡且放衙。吏人如野鹿，公署似僧家。京信因求药，宾欢为斗茶。忘怀尘俗外，枕籍秖（zhǐ）南华。”文人好茶，斗茶别具风情。苏轼词曰：“斗赢一水，功敌千钟。”曾巩诗曰：“贡时天上双龙去，斗处人间一水争。分得余甘慰憔悴，碾尝终夜骨毛清。”道士、僧人也斗茶。受宋徽宗恩宠的道士张继先有诗《恒甫以新茶战胜因咏歌之》，曰：“人言青白胜黄白，子有新芽赛旧芽。龙舌急收金鼎火，羽衣争认雪瓯花。蓬瀛高驾应须发，分武微芳不足夸。更重主公能事者，蔡君须入陆生家。”僧人福全是点茶高手，“能注汤幻茶成一句诗，并点四瓯，共一绝句泛乎汤表”，竟引来众人“造门求观汤戏”。至于平民百姓斗茶和点茶，可从刘松年画作《茗园赌市图》略窥一二。宋人甚至以斗茶称呼极品茶。范成大诗曰：“更引长泉煮斗茶。”梅尧臣笔下的斗茶价值不菲：“白乳叶家春，铢两直钱万。”日本今日茶道与抹茶，都受到宋朝斗茶、点茶的影响。这也是宋朝斗茶风行的例证。

祥兴二年（1279），南宋灭亡，元朝统一南北，斗茶也随之渐渐地湮没在历史的尘埃里。

和章岷从事斗茶歌

范仲淹

年年春自东南来，建溪先暖冰微开。

溪边奇茗冠天下，武夷仙人从古栽。

新雷昨夜发何处，家家嬉笑穿云去。

露芽错落一番荣，缀玉含珠散嘉树。

终朝采掇未盈襜，唯求精粹不敢贪。

研膏焙乳有雅制，方中圭兮圆中蟾。

北苑将期献天子，林下雄豪先斗美。

鼎磨云外首山铜，瓶携江上中泠水。

黄金碾畔绿尘飞，紫玉瓯心雪涛起。

斗余味兮轻醍醐，斗余香兮薄兰芷。

其间品第胡能欺，十目视而十手指。

胜若登仙不可攀，输同降将无穷耻。

吁嗟天产石上英，论功不愧阶前蓂。

众人之浊我可清，千日之醉我可醒。

屈原试与招魂魄，刘伶却得闻雷霆。

卢仝敢不歌，陆羽须作经。

森然万象中，焉知无茶星。

商山丈人休茹芝，首阳先生休采薇。

长安酒价减千万，成都药市无光辉。

不如仙人一啜好，泠然便欲乘风飞。

君莫羡花间女郎只斗草，赢得珠玑满斗归。

译文

春天每年从东南方向来到，建溪（在今福建）的水最先温暖，溪中的寒冰微微解冻。

溪边珍稀的茶天下第一，传说是武夷山的仙人在古代栽种的。

昨夜春天第一声雷不知从哪里响起，家家户户都欢笑着穿过云雾登山。

带着露水的茶芽交错排列，一片青翠繁茂；像装饰着翠玉、衔着宝珠，分布在一棵棵茶树上。

采摘整整一上午，还没有装满布兜；仅仅追求精美纯粹，不敢贪图采摘量大。

研磨成粉状制成茶饼、烘焙干涂在茶饼上的膏油，都有标准的工序；制成的茶饼，方的像玉圭，圆的像月亮。

北苑（在今福建建瓯）贡茶刚刚准备要献给天子，茶官、茶农等豪杰在茶林下先开始斗茶，比赛哪个更美好。

碾磨茶的茶碾，用高耸入云的首山（在今河南襄城）所产的铜铸成；煮茶的水，是用茶瓶盛来长江里中泠泉（在今江苏镇江）的泉水。

在黄色的茶碾里，绿色的茶末飞

扬；紫玉制成的茶杯中间，茶沫像洁白如雪的波涛一样涌起。

比赛无尽的茶味啊，看谁比醍醐还轻；比赛无尽的茶香啊，看谁比兰芷还淡。

比赛期间，等级的高低怎么能欺瞒呢？现场有十双眼睛看着，十个人的手指着。

获胜者像成为神仙一样不能结交，失败者像投降的将领一样羞耻无尽。

哎呀，这茶好得就像天上种植在石头上的仙草；按照功效来说，这茶不比台阶前的蓂草差。

世间的人庸俗，我喝了这茶能高洁；醉了一千天，我喝了这茶能清醒。

这茶能用来给屈原招回魂魄，能正好让醉倒的刘伶听到雷霆之声而醒来。

这茶这么好，卢仝怎么敢不为它创作《茶歌》？陆羽必定为它写作《茶经》。

在已然存在的万事万物中，怎么知道没有极品的茶叶呢？

有这样的好茶，商山（在今陕西商洛）四皓不用食用灵芝，首阳山

（在今河南洛阳）的伯夷、叔齐不用采摘薇菜。

有这样的好茶，长安酒的价格降低百万钱，成都的药市失去往日的繁华。

不如像仙人一样饮这样的好茶而无病无灾，整个人轻盈美妙就要乘风飞去。

你不要羡慕花丛间的女子只是斗草，就能赢得满斗的珠宝而回。

第七章　居住

房价高昂

嘉祐二年（1057），已到知天命之年的欧阳修，在给好友梅尧臣的一首酬答诗中感叹："嗟我来京师，庇身无弊庐。"其时，欧阳修任翰林学士，距离他第一次到汴京参加科举考试已经将近三十年，但仍没有属于自己的房子。

宋朝官员获得住所的途径，有获赐、购买、自建、租赁、官廨、借居等方式。前三种方式获得的住所是自己的房子，后三种方式获得的住所则不属于自己。天圣八年（1030），欧阳修进士及第，步入官场，但此后仕途坎坷，一直没有获得宋仁宗的赏识，所以没有机会通过赏赐获得房子。购买房子取决于官员的经济实力。欧阳修所任翰林学士，在宋初无秩品，元丰三年（1080）官制改革后为正三品，每月俸禄五十贯。如果按照这个收入标准计算，欧阳修的年薪为六百贯。这样的收入根本买不起汴京的房子，更谈不上买地自建了。

汴京城内人口密集，皇宫、王府、官署、军营、寺庙及各类市场、店铺占地"盖其半也"，"非勋戚世家，居无隙地"。即便有空地，“又牵于邸店之利”，也不会用来建住宅。因此，王禹偁感叹：“重城之中，双阙之下，尺地寸土，与金同价，其来旧矣。”张咏也有“且大梁天帝之都，亩地千镪（qiǎng），一庐十金”的感概。寇凖任宰相近十年，没有在汴京买地建房。魏野赠诗曰：“有官居鼎鼐，无地起楼台。”世人因此称寇凖“无地起楼台相公”“无地起楼台宰相”。寇凖“少年富贵，性豪侈，喜剧饮”，毫不节俭。司马光、陈师道也认为寇凖“豪侈”。所以寇凖不买地建房，与节俭无关，大概是因为在汴京这样做，花费太多，会损及其“豪侈”的生活。汴京的地价、房价高昂的程度由此可见。

太平兴国元年（976），田钦祚立战功，宋太宗赏赐五千两银子（即五千贯），让他买房子。王禹偁曾记述李氏的园林，以四千贯的价格卖给富家，宋太宗用内府的钱原价赎回。太平兴国二年（977），陈洪进因献地有功而留居汴京为官，宋太宗赏赐一万两银子，让他和他的四个儿子买房。太平兴国三年（978），宋太宗探望楚昭辅，“以所居湫（jiǎo）隘，命有司广之”，楚昭辅“虑侵民地，固让不愿”，于是宋太宗赏赐一万两银子，让他买房子。当然，如果不是宋太宗赏钱，田钦祚、陈洪进、楚昭辅三人都买不起汴京的房子。这三人官位都不低，但与皇亲国戚比起来，房子就差了很多。嘉祐二年（1057），宋仁宗长女兖（yǎn）国公主出嫁，“一第之费，缗钱数十万”。

汴京的房价一直坚挺。建中靖国元年（1101），苏轼去世。苏辙为了给哥哥办丧事，以九千多贯的价格卖掉了汴京的别业。政和六年（1116），宋徽宗下诏“支降御前钱二万贯，于京师起第一区”，赐给开封尹盛章居住。政和七年（1117），淮南漕臣张根在给宋徽宗的奏章中说：“如人臣赐第，一第无虑数十万缗，稍增雄丽，非百万不可。”据前文兖国公主的费用判断，张根所言不虚。宋徽宗的手笔比宋太宗大很多，但也说明汴京的房价丝毫没有下降，并有上涨。

大中祥符八年（1015），汴京发生了一件强买房屋的案件。靠“凌胁群小取财以致富”的无赖崔白，看上了邻居梁文蔚的房子，“欲强买其舍”，但遭拒绝。梁文蔚去世后，妻子张氏带着两个年幼的孩子生活。崔白“日遣人多掷瓦石以骇之”，张氏只得搬家，“以其舍求质钱百三十万（即一千三百贯）”，但崔白只愿意出九百贯。张氏告到官府，崔白于是加价三百贯。由此案件可知，汴京普通房子的价格约是一千三百贯。据学者估算，宋朝商人一年的纯收入约为四十七贯，农民三十五贯。以这样的收入在汴京买普通房子，也不是一件容易的事情。欧阳修如果买这样的房子，倒是完全可以承受。他没有买，大概是因为官员不愿和百姓同住一地。

临安人口密集，建筑拥挤，地价、房价的情况与汴京类似。西湖僧人清顺的诗，生动地描述了临安的高地价：“城中寸土如寸金，幽轩种竹只十个。”绍兴九年（1139），宋高宗“赐刘光世造宅钱三万贯”，引起大臣批评。绍兴（1131—1162）年间，太尉邢孝扬想到临安居住，看中了荐桥门内一处王姓太尉的房子，它只卖三千缗。有人告诉邢孝扬：“都城中如此第舍，当直五万缗。今不能什一，亦知其说乎？是宅久为妖厉所据，人不复堪处，故以相付耳。”由此可知临安城内的豪宅，能卖出五万贯的高价。宝庆二年（1226），临安城外“南山之北、新堤之上，居民有以屋庐、园池求售者……其直计缗钱七千有畸”。城外的房子能卖到逾七千贯的高价，是因为风景超群。嘉熙四年（1240），宋理宗为申国公郑清之亲笔题写“辅德明谟之阁”，并“赐楮十万缗为筑室”。南宋时通货膨胀严重，楮币的币值不断下降，十万贯楮币的价值大约只有一半。这也反映出临安的地价、房价在上涨。

绍兴四年（1134），宋高宗颁布了一份诏书，传达两个重要信息：一是临安房屋有宅、屋之别，屋为芦草竹板结构，宅为砖、石、木结构；二是宅每间价值逾三十三贯，屋每间价值十贯，它们应不包括地价。汴京房屋的情况应大致类似。绍兴二十八年（1158），宋高宗下令在皇城的东南方建设外城，需要拆迁，“凡民居所占，以隙地偿之，每楹赐钱十千，为改筑之费”。拆迁一间房子，补偿建筑费用十贯，与芦草竹板屋的价值一致。看来拆迁的民居都是芦草竹板屋。

有些官员依仗权势，在汴京、临安一掷千金，打造豪宅。李仕衡“前后管计事二十年”，利用职权贪污，积累巨额财富，“建大第（汴京）长安里中，严若官府”。宰相王黼（fǔ）甚为奸邪，大肆敛财。宣和五年（1123）十一月，“妄托事言，家之屏风生玉芝”，邀请宋徽宗登门观赏。宋徽宗到后，看到王黼府内的堂阁“张设宝玩石山，侔拟宫禁”，不禁大为感叹：“此不快活邪！”王继先利用医术得到宋高宗宠幸，大肆受贿，在临安“广造第宅，占民居数百家，都人谓之快乐仙宫”。绍兴四年（1134），赵鼎任宰相，“骤为骄侈，以临安相府为不足居，别起大堂。奇花嘉木，环植周围。堂之四隅，各设大炉，为异香奇种。每坐堂中，则四炉焚香，烟气氤氲，合于座上，谓之香云”。

越王宫殿图（局部） 佚名

房价居高不下，围绕房子的故事不断上演。襄王赵恒（即宋真宗）经随从张旻介绍，将一名蜀地女子召进王府，十分宠爱。但是，乳母秦国夫人不高兴，让赵恒赶走她，“王不得已，出置旻（mín）家，旻亦避嫌，不敢下直。乃以银五百两与旻，使别筑馆居之”。在汴京造一座供一个人住的房子，花费五百贯钱，面积应当不大。天禧四年（1020），丁谓担任宰相，在水柜街购置了一块地皮建房。但是，水柜街地势低洼，丁谓“既而于集禧观凿池，取弃土以实，其基遂高爽”。让人大跌眼镜的是，丁谓“又奏开保康门为通衢，而宅据要会矣”。省钱买地势低洼的地皮，填土垫高地基，开路抬升地段的价值——有这三步操作，地皮、房子价值无疑暴涨。丁谓的心机和运用权力的手段，不得不令人拍案感叹。

洛阳的房价与汴京、临安接近。宋仁宗时任左丞的张观，“以数千缗买洛大第”。洛阳是宋朝西京，也是都会，房价高是应有之义。其他地方的房价，比汴京、临安低很多。循州、阳羡等地的房价，虽然比汴京、临安低，但就当地而言，则并不便宜。

汴京、临安房价高昂，很多人仍然选择留下，尤其是官员、士人，因为那里可以寄托人生梦想，一如当今“京漂”“沪漂”。他们中间的大多数解决安身问题的方法都一样：租房而居。

闲居五咏·买宅

苏辙

我老未有宅，诸子以为言。
东家欲迁去，余积尚可捐。
一费岂不病，百口傥获安。
田家伐榆枣，赋役输缗钱。
长大可双栋，琐细堪尺椽。
生理付儿曹，老幸食且眠。

译文

我年老了却没有房子，孩子们把这个当作话柄。

房东打算让我搬离，我还能有多余的积蓄花费。

全部花完难道不担心吗？一百口人大概因此得到安宁。

农家砍伐榆树枣树，缴纳赋役所需的税钱。

孩子长大成人能有相应的房子，家务事再细碎也能在小房子里做。

生计交给孩子们，希望年老的时候有吃的食物并且有睡觉的地方。

租房兴盛

在汴京、临安租房的花费，比买房少很多，所以更多的人选择租房。

大中祥符五年（1012），卫国长公主为扩建汴京府第，打算买下邻居张氏的房子。但是张氏不卖，因为自己靠租金生活。此房每天租金五百文，月租十五贯，年租一百八十贯。元祐元年（1086），司马光在给宋哲宗的一份奏章中称：“十口之家，岁收百石，足供口食；月掠房钱十五贯，足供日用。”十五贯可供十口之家每月花销，可以说是一笔巨资，张氏所言不虚。它虽然比动辄价值数千贯的房价少了很多，但就房租而言，完全称得上高昂。张氏的房子与公主府第为邻，品质与周围环境应属于上乘，当是高档住宅。熙宁六年（1073），宋神宗下诏赐“西界归明人”李崇贵“开封府界屋租钱日五百”，即赏赐每月的房租钱十五贯。李崇贵是西夏降官，获得的赏钱能租类似张氏房子的高档住宅，明显受到优待。由此推断，每月十五贯是汴京高档住宅租金通行的行情。它大约也是高级官员在汴京租房的开支。元祐三年（1088），新任尚书右丞胡宗愈遭右正言刘安世弹劾，罪状之一是他每月花十八贯租房子，却仗权掩欠。嘉祐三年（1058），天平节度使张尧佐去世，宋仁宗“赐其家僦舍钱日三千”。张尧佐是外戚，“以戚里进，遽至崇显，恋嫪（lào）恩宠”，死后赐太师，地位不是一般的高级官员所能企及。其获赐房租钱达到李崇贵的六倍（每天三贯，每月为九十贯），是地位的显示。

中下级官员租房的开支就没有这么多。在蜀地做官多年的文同，回到汴京后在西冈租房住。十间房月租四贯，与张氏的租金相比，确实便宜，原因是“远市廛（chán）”。

面对不便宜的租金，很多人不得不选择城内或地点偏远、或品质简陋的房子。欧阳修在发达之前，租的是地点偏远、低矮简陋的房子：“闲坊僦古屋，卑陋杂里闾。”一些参加科举考试的举子，为了省钱而群租。景祐四年（1037），李从周进京参考，“与数同人僦舍于麻秸巷”。一个叫杨日华的举子，“应举日与数同人税宅于饮马巷，居数月”。即使租住地点偏远、品质简陋的房子，虽然所费不多，但对收入低的官员而言，也让他们的生活捉襟见肘。翰林学士章珉为此感叹：“任京有两般日月：望月初请料钱，觉日月长；到月终供房钱，觉日月短。”

地方州县的房租比汴京少很多。天圣九年（1031），王曾在青州创立州学，在学舍旁“作屋百二十间，岁入于学钱三十一万”。照此数字计算，平均每间房屋月租金约二百十五文，日租金逾七文。十年后，太守赵集贤“取南城隙地，又作屋凡八十三间，别为旁舍六十二间，岁入于学通六十七万”。此时，平均每间房屋月租金约二百十文，日租金七文。庆历初年，辽州（今山西左权）“第四等一户，开饼店为活，日掠房钱六文”。六文大概是一间房屋每天的租金，照此计算，一间房屋的月租金为一百八十文。政和二年（1112），京畿开德府（今河南濮阳）“每间赁钱有一百至二百文足多”，“上等有力之家其后街小巷闲慢房屋，每间只赁得三文或五文”。这个价钱应该是日租金，差距大的原因是房屋品质不同。绍兴十二年（1142），岳飞在江州（今江西九江）府学前有三十八间房屋，“每日收赁屋钱一贯四百三十文”。照此计算，每年租金逾五百贯。乾道初年，邵武军城里谢侍御家的三间房屋，“极宽洁，为邸舍”，因为“人言中有怪物，多不敢居”，“僦直才百二十千”，不及原来的一半租金。照此计算，谢侍御家的房屋原来一年的租金超过二百四十贯。此房用来开店铺，租金高合情合理。

淳熙十一年（1184），杨简任浙西抚属，“僦宅隘陋，外高中卑，无宴息之所，客至不可留，不可以奉亲”。方岳被贬官时，租的房子很差：“僦舍真如百漏船，一番风雨一骚然。”造成这种状况的原因，是收入低，且花销的名目多。苏轼被贬为黄州团练副使后，每天的开支定量：“日用不过百五十，每月朔取钱四千五百，断为三十块，挂屋梁上，平旦用画叉挑取一块，即藏去。又以竹筒贮用不尽者以待宾客。”开禧（1205—1207）年间，黄榦巡视州郡。做官的学生们登门拜访，哭诉自己的困苦生活：“诸郡不肯支给全俸，每月量给二三十千，吏辈管请之人，除尅之外，所得无几。僦屋以居，雇人以充仆使，一月之入，不足以供一月之用。”因此可以说，地方州县的房租看似少，实际上却不便宜。

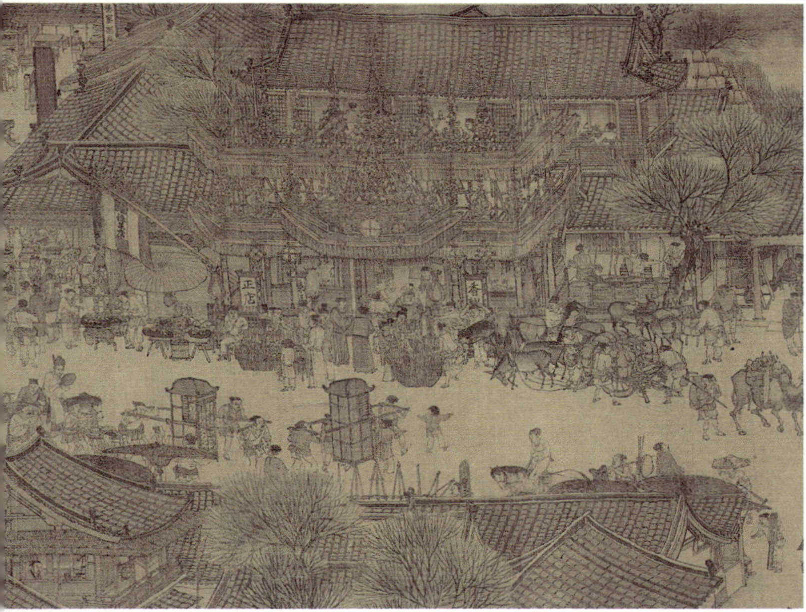

清明上河图（局部）　北宋·张择端

为了从租房市场分一杯羹，宋廷在建朝之初就设置店宅务（又称楼店务），“掌管官屋及邸店计置出僦及修造之事”，即负责管理官房的出租、建造、修缮。店宅务的租金收入颇丰。大中祥符五年（1012），店宅务的租金收入逾十四万三千贯；天禧元年（1017），收入逾十四万贯；天圣三年（1025），收入逾十三万四千贯；熙宁十年（1077），收入逾二十一万六千贯。如此巨利的诱惑性极强，加之宋廷的行为具有引导作用，官府机构也纷纷出租房屋。宋太祖时，作坊副使魏丕“撤本坊旧屋为舍衢中，收僦直，及鬻死马骨，岁得钱七千余缗，工匠有丧者均给之”。

宋廷一面利用租房谋利，一面时而出台禁令或减免令，以抑制高昂的房租、安抚民心。

减免房租本是好事，但后果却出人意料。绍兴（1131—1162）年间，镇江地区传言皇帝降旨减免房租，十九岁卖药人高嵩带着小刀，混进知府张楠的府中行刺。两人搏斗一番之后，张楠脸部受伤，高嵩被抓。高嵩随身携带一张黄纸，上写“镇江府张楠违背圣旨不放房钱”。临安人“生长辇下”，因为房租减免频繁，有的居然能白住房子。此例固然极端，但租房者得到实惠，房主的利益必然受损，矛盾由此而生。绍兴二十三年（1153），为清河郡王张俊收房租的武德郎李昌龄，“坐不依圣旨减放”，遭到追官勒停。绍熙五年（1194）七月，宋宁宗登基，所颁赦书中有免房租的内容：“官司房廊白地赁钱，并放至绍熙四年终。”潭州有租客“妄称合从赦书到日之后纳起”，与官府产生纠纷。时任潭州知府的朱熹调查后出榜公示：如果房主自愿增加免房租日期，“即从其便”；如果房主不愿意，“赁屋人自合遵从大赦指挥印还，不得妄有抵负、扇惑生事”。为了应对减免房租、避免利益受损，房主会提前抬高房租。袁说友在一份给皇帝的奏章中直言：“再减之后，今已八年。而有力之家新创房廊，悉皆高定赁直，以备将来裁减。都城新屋尤倍他州。”袁说友给出对付“高定赁直”的办法简单直接，而且信心十足：“其新造赁屋、不曾经减者，并照前来指挥三分减一，则闾阎细民欢声洋溢，立可召和，无不均受厚恩矣。”殊不知，房主出租房子赚不到钱，就使出“躺平”之策——不修房子，任其破败。最终的结果是，房子破败，“而民益无屋可居矣”。宋廷抑制高昂房租、安抚民心的意图将随之落空。真可谓“三败俱伤”。这大概是宋廷用“有形之手”干预市场，却始料未及的吧。

赁宅

王禹偁

老病形容日日衰，十年赁宅住京师。
阁栖凤鸟容三入，巢宿鷦鷯（jiāo liáo）只一枝。
壁挂图书多不久，砌栽芦苇亦频移。
人生荣贱须知分，会买茅庵映槿篱。

㊂译文

我年老多病，身体容貌一天比一天差；住在京城十年，都是租房。

门上能容纳三只凤鸟进来栖息，小小的鷦鷯只需一个枝条做窝就能住下。

墙壁上的画和书法大多挂不长久，台阶边栽种的芦苇也经常挪动。

人生中的显贵和卑贱必须懂得限度，付钱买一座茅屋，有木槿围成的篱笆映衬就可以了。

园林风月

兴定四年（1220），有“北方文雄”之称的元好问，第六次赴汴京参加科举考试，仍名落孙山。八月，他游览西园，看着园中的亭台草木，感慨万千：“千古是非同一笑，不须作赋拟阿房。”

西园是龙德宫的一部分。龙德宫又称撷芳园，本为宋徽宗即位前的住所。政和三年（1113），龙德宫扩建，成为一座景致秀美壮观的园林：“江夹岸皆奇花珍木，殿宇比比对峙。……山水美秀，林麓畅茂，楼观参差。”

龙德宫是北宋皇家园林中的一个。皇家园林是皇帝举行祷祭、斋戒、赐宴、游玩、观稼、宴射等活动的场所。在汴京，皇家园林有艮岳、后苑、延福宫、撷景园、金明池、琼林苑、宜春苑、玉津园、瑞圣园等；在洛阳，有内园、后苑、景华苑等。其中以艮（gèn）岳、琼林苑、金明池最为知名。

艮岳初名凤凰山，又称万岁山、阳华宫、寿山艮岳等，位于汴京宫城的东北（一说西北），始建于政和七年（1117），完工于宣和四年（1122）。艮岳之名的来源有两个：一是宋徽宗“自为

山馆读书图　南宋·刘松年

《艮岳记》，以为山在国之艮，故名”，二是“蔡绦谓初名凤凰山，后神降，其诗有‘艮岳排空霄’，因改名艮岳”。

艮岳“周回十余里”，采用左山右水、山嵌水抱的布局，“奇花美木，珍禽异兽，莫不毕集；飞楼杰观，雄伟瑰丽，极于此矣”，代表宋朝宫廷造园艺术的最高水平，在中国古代园林史上占有重要的地位。艮岳的置石极富特色，作为方腊起义诱因之一的花石纲即源于此。艮岳的胜景众多，当以人工云雾最为奇绝。天阴时，万岁山洞中云雾弥漫，雨过天晴之后也会这样。徜徉在艮岳中，宋徽宗超然忘俗：“朕万几之余，徐步一到，不知崇高富贵之荣，而腾山赴壑，穷深探崄，绿叶朱苞，华阁飞升，玩心惬志，与神合契，遂忘尘俗之缤纷，而飘然有凌云之志，终可乐也。”这种感受与文士隐逸在山水间逍遥自乐、返璞归真的情感是相通的。

琼林苑、金明池位于外城西侧的顺天门外，南北相对。琼林苑俗称西青城，始建于乾德（963—968）年间，是皇帝饮宴、习射及宴请新进士之所。苑内有石榴园、樱桃园，各种花木、亭榭不可胜数。苑北有宝津楼，“广百丈许”，是皇帝观百戏、金明池水战之所。金明池始建于显德四年（957），太平兴国元年（976）重新开挖，耗时三年建成，“周围约九里三十步”，因“引自金水河注之”而得名。水心有殿宇，通过仙桥与南岸相连。此桥为拱桥，“南北约数百步，桥面三虹，朱漆栏楯，下排雁柱，中央隆起，谓之骆驼虹，若飞虹之状”。在池中举行的赛船争标、水上百戏活动，极富娱乐性。最引人夺目的是高大奢华的大龙船：“大龙船约长三四十丈，阔三四丈。头尾鳞鬣皆雕镂金饰，艎板皆退光。两边列十阁子，充阁分歇泊。中设御座，龙水屏风，艎板到底，深数尺，底上密排铁铸大银样，如卓面大者压重，庶不敧（qī）侧也。上有层楼台观，槛曲安设御座，龙头上人舞旗。”

每年三月一日至四月八日，琼林苑、金明池对百姓开放，允许在其中做买卖、游玩。开放期间，池苑内游人狂欢，热闹非凡，每天人流不断。

靖康元年（1126），金军包围汴京，艮岳毁于一旦。第二年，金军攻入汴京，艮岳余石随之流落各地。绍兴九年（1139），宋金议和之后，金人一度归还汴京。六月，南宋官员楼炤、王伦探访汴京，“琼林苑，敌尝以为营，至今作小城围之。金明池，断栋颓壁，望之萧然也”。

南宋皇家园林在临安城内外，有后苑、德寿宫、玉津园、富景园，以及临西湖而建的聚景园、延祥园、南屏园、玉壶园等。这些园林规模较小，以植物、建筑取胜，但均不及北宋皇家园林的壮观与辉煌。

熙宁四年（1071），激烈反对王安石变法的司马光退居洛阳，不问政事。两年后，在尊贤坊（在今洛阳狮子桥村）一带买下二十亩地，创建独乐园。园中池沼、水渠、竹林、药圃、花卉、亭台、横屋、读书堂一应俱全，景致简约疏朗、自然雅致。“志倦体疲”时，徜徉其中，或钓鱼、采药，或浇花、剖竹，或“临高纵目”，“行无所牵，止无所柅（nǐ）”，完全“唯意所适”。于是乎，“踽踽焉、洋洋焉，不知天壤之间复有何乐可以代此也”！士人所追求的逍遥自在作派，在此表现得可谓淋漓尽致。这也使独乐园成为宋朝私家园林的代表。尽管独乐园名为“独乐”，但对百姓开放，“与民同乐”，“人以公之故，春时必游”。园丁吕直将卖茶水所得的十贯钱送给司马光，司马光推辞再三，“公怒，遂持去”，随即用这些钱在园中新建一座井亭。此事表现司马光“守身之洁”，也可见游园人甚众。

洛阳是宋朝北方私家园林的集中地，有诸多名园。虽然它们的规模、奢华程度不及皇家园林，但论雅致、名声，丝毫不让。邵雍诗曰：“天下名园重洛阳。”李清照的父亲李格非撰有《洛阳名园记》，记录了洛阳十八座私家园林，独乐园只是其中“最为简素”的一个。

南方的私家园林主要集中在苏州、吴兴（今浙江湖州）、临安。三地湖泊、河流众多，水源丰富。附近盛产园林用石，尤以洞庭西山所产太湖石为胜。吴兴有叠石技艺高超的工匠。另外，居住于三地的士大夫众多。这些为造园提供了充足的资源、条件。三地知名的私家园林比比皆是。苏州有南园、隐圃、招隐堂、同乐园、桃花坞、沧浪亭、任氏园、石湖等。周密所撰《癸辛杂志》中“吴兴园圃”条，记录南沈尚书园、北沈尚书园、章参政嘉林园、牟端明园、莲花庄、赵氏菊坡园、俞氏园、赵氏兰泽园、赵氏绣谷园、赵氏甂洞、倪氏玉湖园、章氏水竹坞、叶氏石林等三十六座园林，它们是吴兴私家园林的代表。临安有杨和王园、南园、贾氏园池、后乐园、养乐园、水竹院落、南山水乐洞、廖莹中园等。其中，以沧浪亭（参见第七章“房价高昂”节）最为知名。

庆历四年（1044），由范仲淹推行的庆历新政失败。支持者苏舜钦遭弹劾罢职，退居苏州。不久，“以钱四万”买下一片弃地，建造园林沧浪亭。此地“纵广合五六十寻，三向皆水也”，原为五代吴越王钱俶小舅子孙承佑的池馆，“坳隆胜势，遗意尚存”，而且南边“旁无民居，左右皆林木相亏蔽”，十分适合再造园林。于是，苏舜钦“买水石作沧浪亭”。沧浪亭因园中有亭号“沧浪”而得名。整个园林以水竹为主，以静谧取胜，水、植物、建筑、光影相映成趣。游览沧浪亭，让苏舜钦暂时抛弃昔日官场的名利与纷争，身心得以逍遥洒脱、淡泊自得。这大概是士人造园的根源所在吧。

庆历八年（1048），苏舜钦复官。可惜的是，未及赴任，年仅四十一岁的苏舜钦病死。其后，沧浪亭“不能保，遂屡易主”，为宋哲宗时宰相章惇（dūn）所有。章惇“广其故址，为大阁，又为堂”，复又买下亭北的洞山，沧浪亭“两山相对，遂为一时雄观”。其子“增筑山亭，买黄土钱三万贯。园亭之胜，甲于东南”。此时，沧浪亭由以水竹为主变身以山亭闻名。绍兴初年，沧浪亭落入韩世忠之手。韩世忠在两山之间建桥，名为飞虹。元朝、明朝时，沧浪亭变为僧人住处，时称大云庵。明朝僧人文瑛曾住在此处，“复子美之构于荒残灭没之余”，请归有光作《沧浪亭记》。清朝康熙（1662—1722）年间，江苏巡抚宋荦（luò）“寻访遗迹，复构亭于山之巅”，在亭西建石碕（qí）从廊、子美祠，在山北麓建自胜轩及“屋三楹，曰观鱼处”。道光（1821—1850）、同治（1862—1874）年间，沧浪亭均有重建。

在皇家园林、私家园林之外，还有遍布各地的寺观园林、官署园林等。凡此种种，都标志着宋朝园林类型完备、造园技术成熟，深刻地影响了后世的园林。

元人郝经曾游览龙德宫，对北宋的灭亡痛心疾首：“万岁山来穷九州，汴堤犹有万人愁。中原自古多亡国，亡宋谁知是石头。”在《牡丹亭》的故事里，南宋官员杜宝的千金杜丽娘与岭南书生柳梦梅的生死恋，开始于春天的私家园林，正所谓：“不到园林，怎知春色如许?”石头是亡国罪物，春色是姻缘生处，宋朝的园林就是这样让人爱恨交加。

清平乐·检校山园书所见

辛弃疾

连云松竹，万事从今足。
拄杖东家分社肉，白酒床头初熟。

西风梨枣山园，儿童偷把长竿。
莫遣旁人惊去，老夫静处闲看。

译文

松树竹子连接着天上的云彩，从现在开始隐居在这里，所有的事情都知足了。

拄着拐杖到东边的邻居家分配祭肉，床头的白酒刚刚酿成。

西风吹过山园里成熟的梨、枣，孩子偷偷地握着长长的竿子扑打。

不要让别人惊吓他们离开，老夫我在清净的地方悠闲地观看。

第八章　出行

差旅悠长

景祐三年（1036），吏部员外郎范仲淹在与宰相吕夷简的争斗中落败。时任馆阁校勘的欧阳修，因属于范仲淹一派，被贬为夷陵（今湖北宜昌）县令。五月二十四日，欧阳修带着家人，离开汴京赴任。

两宋的交通四通八达，分别以汴京、临安为中心，通过陆路、水路辐射各州府。州府与州府、州府与县城之间，有大道相连。此外，江河辐辏，海港繁荣，水运通畅。在一些大江大河上，架设有浮桥。各类出行工具众多，陆路有人力或畜力，车、辇、辂、舆、轿、檐，马、驴、骡、牛、象等，水路有船、舟、舫、筏、艇、舸等。在这些交通工具中，马较为特别。宋朝一直缺马。嘉祐五年（1060），工部尚书宋祁上书宋仁宗："今天下马军，大率十人无一二人有马。"熙宁六年（1073），宋神宗对王安石说："今马军多不精，一营或止有数十匹马。"宋朝的马价因此居高不下。马是官员常用的出行工具。上朝时，官员皆乘马。日常生活中，也喜欢乘马。官员获得马的方式主要有三种。除皇帝赏赐外，还可以通过私养、购买获得马。后两种方式花费不菲。这种情况影响了欧阳修对出行方式的选择。

欧阳修没有选择陆路，而是选择了当时更为发达的水路。在解释为何走水路时，欧阳修说：“赴夷陵，以大暑，又无马，乃作此行。”五月底已是盛夏，如果走陆路，如何躲避暑热就是一件麻烦事，走水路则可以减轻很多负担。欧阳修在天圣八年（1030）进士及第，及至此次被贬，做官的时间仅有七年。以欧阳修的财力和官位，尚不足以为全家每个人都提供一匹马。而且全家人出行，行李想必不少。既然陆行无马，不如走水路，既省事又便捷。

一路之上，各类食宿等设施齐全。驿站通常每隔六十里设置一座，提供食宿。有的驿站规模宏大，条件优越。嘉祐六年（1061），凤翔府知府修建凤鸣驿，“用夫三万六千。木以根计，竹以竿计，瓦、甓（pì）、坯、钉各以枚计，秸以石计者，二十一万四千七百二十有八”。建成于绍兴十七年的衢州（今属浙江）和风驿，“为屋四十三楹，广袤五十七步，堂宇胪分，翼以两庑（wǔ），重垣四周，庖副库厩，各视其次。门有守吏，里有候人，宾至如归，举无乏事”。除驿站外，公使库也接待旅客：“（宋太祖）置公使库，使遇过客，必馆置供馈，欲使人无旅寓之叹。”可见公使库的住宿条件、物品供应不亚于驿站。另外，道旁有亭舍或亭供人休息，有井泉供人饮水，有的寺院也提供食宿。

百姓在城乡、道旁或山中开办的邸店，极大地方便了旅客。建中靖国元年（1101），苏轼北归，“还至庾岭上，少憩村店”。绍兴三十二年（1162），周必大在途经江山县（今属浙江）时遇雨，“雨不止，复行，途中邸店颇多”。在大梅岭，有乐平(今属江西)人胡廿四开设的一家旅店。为了保障旅客食宿，有的地方官府迁移百姓到驿站附近。

宋朝地图制作逐渐兴起。在驿站、亭舍中，旅客能得到行程地图。在道路上，甚至有行程地图出售。

道路通畅，设施齐全，保障完备，欧阳修的旅途似应倍道而进。但是，从汴京到荆州（今属湖北），欧阳修一共用了一百一十天。从荆州到夷陵，水路便捷。然而，欧阳修自九月十七日到达荆州后就停滞不前，直到“十月二十六日到（夷陵）县”。如此悠长的旅途，欧阳修到底在干什么？

按照欧阳修的记述，到荆南之前，他只遇到过三次大风、一次大风雨震雹、一次大风震雹，以及在宿州时“舟次失水道，败柂（duò）”。但是，它们并没有延误行程。在给友人薛仲儒的信中，欧阳修谈及夷陵之行：“自南行，所幸老幼皆无病恙，风波不甚恶，凡舟行人所惧处皆坦然。”言下之意，途中没受到重病的侵扰，没遇到恶劣天气，没遭遇交通事故。可见旅程十分顺利，没有发生与重病、天气、船损有关的事情。那么，欧阳修在差旅途中做了什么事情？

总的说来，欧阳修主要做了四件事：会友，饮酒，观光，祭神。

在出发之前，欧阳修与友人君贶（kuàng）、君谟、穆之、公期、道滋、景纯、师鲁、损之、道卿、武平、源叔、仲辉饮酒。五月二十四日晚上，也即出发当天，与公期饮酒。二十五日，与损之弈棋、饮酒，黄昏时才回船中。二十六日，与君贶、公期、道滋相聚。不久，君谟、景纯、穆之、武平、源叔、仲辉、损之、寿昌、天休、道卿相继到来，众人饮酒。二十七日，与子野、君贶、公期、道滋、君谟及秀才韩杰聚饮，“君谟作诗，道滋击方响，穆之弹琴”。在接下来的行程中，欧阳修相继与张参、国器、元均、朱公绰、子聪等友人聚饮。无友人相聚时，欧阳修独自饮酒。六月，“独在泗州，始食淮鱼”，“泛舟饮于北辰”；八月，“小饮于水阁”。六月二十一日是欧阳修生日，这一天，“具酒为寿于舟中”。这些场景中，酒、诗、琴、棋不可或缺，是典型的文人作派。众人似乎根本不为欧阳修被贬官而悲伤，连欧阳修本人也毫无郁闷之情，是因为他做官不久，前途仍然可期。这可从沿途官员接待欧阳修的态度中得到验证。

五月三十日，欧阳修抵达南京（今河南商丘）。第二天，“留守推官石介、应天推官谢郛、右军巡判官赵衮、曹州观察推官蒋安石，来小饮于河亭。余疾不饮，客皆醉以归”。欧阳修因病未喝酒，众官员竟然喝醉了，欢乐融洽的气氛可想而知。在洪泽（今属江苏淮安）时，欧阳修与大理寺丞李惇裕、洪泽巡检颜怀玉相识，夜饮至五鼓才散去，“明日食毕解舟，与饮者别”。三人可谓相谈甚欢，情投意合。在接下来的旅途中，欧阳修又与多位官员饮酒。虽然着墨不多，但想必交流顺畅、气氛欢快。在楚州（今江苏淮安）时，与知州陈亚“小饮魏公亭，看荷花”。在扬州时，与集贤校理王君玉、大理寺丞许元、太常寺太祝唐诏、祠部员外郎苏仪甫等人连饮三天。在江州附近时，与澧（lǐ）阳（今湖南澧县）县令赵师道在村市中饮酒。两人想吃羊肉，但没吃成。在蕲（qí）阳（今湖北蕲春）时，与丹稜（今四川丹棱）知县范祐、蕲春主簿郭公美在友人家饮酒。在黄州时，与知州夏屯田饮于竹楼兴国寺，夏屯田提出

"明年为社饮"，但没有成功。

从汴京到夷陵，沿途景观、古迹不胜枚举，欧阳修时常登临观赏。除前文会友、饮酒时所提及的之外，其他还有：五月，在陈留"登庾庙"；六月，在灵壁"独游损之园"，在楚州"出仓北门看雨"，"与隐甫及高继隆、焦宗庆小饮水陆院东亭，看雨，始见荷花"；七月，与友人在饮寿宁寺中饮酒，"寺本徐知诰故第，李氏建国以为孝先寺，太平兴国改今名。寺甚宏壮，画壁尤妙，问老僧，云：'周世宗入扬州时，以为行宫，尽朽墁之。惟经藏院画玄奘取经一壁独在，尤为绝笔。'太息久之"；九月，在荆江塔子口"观鱼望、五鹅、鹿角、望夫诸山"。观光时的想法、心情，欧阳修没有提及。但从会友、饮酒、观光的过程看，身临其境吟诵风月、追怀历史、娱悦精神的文人式体验并不缺乏。

水上旅程多有风险，且不可预知，故古人祭祀神灵以求平安。欧阳修也不例外。从汴京到荆南的旅程中，欧阳修三次祭神：八月，过芜湖（今属安徽）之后"祷小姑山神"，在新治（今安徽怀宁）"祷江神"；九月，在昭化港夜遇大风，"舟不得泊，祷江神"。它们平淡无奇，没有任何特别之处，欧阳修没有耗费更多的时间和精力。完全可以说，与会友、饮酒、观光比起来，祭神属于"例行公事"，走过场而已。

欧阳修逾五个月的旅程，没有遇到交通事故。这当然得益于宋朝水陆交通有一定的规则。太平兴国八年（983），孔承恭上奏宋太宗："《仪制令》有云：贱避贵，少避长，轻避重，去避来。望令于要害处设木刻其字，庶可兴礼让而厚风俗。"宋太宗依言下令。"贱避贵，少避长，轻避重，去避来"，就是宋朝交通规则的

主要内容。这十二个字过于简单宽泛，在此之外，还有一些较为细致的规定：城内禁止车马无故奔驰；城内行人只得在道路上行走，而且京城内人行有时间限制；婚嫁、丧病、求医问药等急事可凭官府文书通行；禁止向道路射箭、放弹、投瓦石，禁止在道路上设置机关、陷阱；道路上的井、泥坑，通常设置木栏、绳索以示警戒；水上行船，顺水、逆水相遇及在洲屿险处需回避；塞船、停泊、停船修补时，需安放标志；等等。

盗匪劫掠旅客、驿站时有发生。为了对付盗匪，宋廷在京城内每隔二百步设立一处军巡铺，“遇夜巡警地方盗贼烟火”。沿边、沿江、沿海设置巡检司，负责训练甲兵、巡逻州邑、擒捕盗贼，“又有刀鱼船战棹巡检，江、河、淮、海置捉贼巡检，及巡马递铺、巡河、巡捉私茶盐等”。有了如此的防护，欧阳修沿途没有遇到盗匪，悠长的差旅安然无虞。

宋朝官员差旅中的主要活动与欧阳修一致。元丰六年（1083）张舜民从汴京到郴州（今属湖南）赴任，乾道六年（1170）陆游从山阴（今浙江绍兴）到夔州（今重庆奉节）赴任，隆兴元年（1163）周必大自临安回家乡庐陵，乾道八年（1172）范成大从吴郡（今江苏苏州）到静江府（今广西桂林）赴任，淳熙四年（1177）范成大从成都到临安等，莫不如此。

欧阳修在到达夷陵之后，给好友尹洙写了一封信，信中说：“修行虽久，然江湖皆昔所游，往往有亲旧留连，又不遇恶风水，老母用术者言，果以此行为幸。又闻夷陵有米、面、鱼，如京洛，又有梨、栗、橘、柚、大笋、茶荈（chuǎn）皆可饮食，益相喜贺。昨日因参转运，作庭趋，始觉身是县令矣，其余皆如昔时。”

元丰五年（1082）三月七日，谪居黄州已三年的苏轼，在雨过天晴之后发出感叹：“竹杖芒鞋轻胜马，谁怕？一蓑烟雨任平生。”两人的表述方式各异，但情绪是同样的达观。支撑达观的，是“进亦忧，退亦忧”“先天下之忧而忧，后天下之乐而乐”的文人士大夫情怀。这应当就是悠长差旅背后的意义所在。

清商怨·葭萌驿作

陆游

江头日暮痛饮，乍雪晴犹凛。
山驿凄凉，灯昏人独寝。

鸳机新寄断锦，叹往事、不堪重省。
梦破南楼，绿云堆一枕。

㊣译㊣文

黄昏的时候，我在江边痛快地喝酒；初雪放晴，天气仍然寒冷。

山中的驿站孤寂冷清，灯光昏暗，一个人独自睡去。

心爱的人最近寄来了书信，感叹过去欢乐相聚的事情，不忍心回忆。

当年在南楼同枕共眠时梦醒，看见她乌黑光亮的头发堆满了枕头。

打的流行

熙宁五年（1072）四月十三日，日僧成寻搭乘宋人的商船抵达杭州。

在杭州期间，成寻数次租船。其中，一次花了三百文，一次花了两贯。成寻是外国人，能租到船得益于当时船只租赁业发达。宋朝时，不论官府还是私人，都经常租船。官府租船多为运货。宋朝初年，官府租赁民船，将江浙所产稻米运到汴京。吴遵路知通州（今江苏南通）时，租赁海船运送米豆救灾。大中祥符八年（1015），“以和雇民船载薪刍，供应滑州修河”。建炎二年（1128），官府运盐出现“官船不足，又须和雇拘占民船”的情况。绍兴二年（1132），绍兴府“优立僦直，雇募湖船腾剥”，将海运至余姚（今属浙江）的粮斛钱物运到临安。绍兴三年（1133）九月，岳飞因为军中无船，打算“于本路州县沿江不以官私舟船，和雇权借使用，事毕给还”。军队租船的情况较为罕见。从淳熙元年（1174）开始，宋廷裁减造船的数量，以至于船只缺乏，“每遇起发木料，多是倍支縻（mí）费，和雇客船”。私人租船更加频繁。咸平元年（998），王禹偁的好友朱严考中进士，后租船赴任，王禹偁赠诗曰：“赁船东下历阳湖，榜眼科名释褐初。”元丰六年（1083），御史中丞舒亶遭停职，租船回乡，“时有诏召僧慈本住慧林，许驰驿。轻薄者以‘中丞赁航船出京，和尚乘递马赴阙’为对，以见异事”。政和、宣和（1111—1125）年间，汴京金明池、琼林苑三月一日对百姓开放时，“亦有假赁大小船子，许士庶游赏，其价有差”。绍兴二年（1132）获赐进士出身的卢择善，在黄州做官时，妻子病故，他“僦一艓舟，冒长江之险，载其柩以旋”。庆元元年（1195）五月，湖州一名妇女租赁一条小船行驶六十里，“腰间解钱二百，为雇值”。吴龙翰在嘉禾（今浙江嘉兴）租船，诗曰：“天与东风便，千钱买一舟。”陆游也有诗曰：“千钱买一舟，百钱买两桨。”

值得一提的是，西湖在南宋时成游览胜地，租船一年四季都很火爆。所用船只有大有小，但都精巧华丽、平稳舒适。在船上使用的器具，由船主提前准备好。如此设施及服务，游客争相租船就不难理解了。

成寻出行经常租轿子，次数明显多于租船。四月二十九日拜访兴教寺，乘轿往返，“轿子担二人各五十文”。五月十一日，乘轿在剡县住处与国清寺之间来回，“轿子功七十文”。后又前往新昌县（今属浙江），“以六百七十文钱雇二人，乘轿”。这一天，还支付了其所住旅店店主之子张九郎雇劳力和轿子的费用：“小家主张九郎雇夫九人、轿子担二人，与三贯三百文钱了。”五月十九日，在天台山拜访寺院，“担轿二人，各与六十文钱了”。第二天，从国清寺到天台县（今属浙江）县衙，乘轿往返，“轿担二

清明上河图（局部） 北宋·张择端

人各与钱卅文”。七月二十一日，“国清寺轿担男钱长、小周，与钱各二百六十文”。二十四日，在国清寺“雇州轿担二人，各与五百文钱”。过了两天，又去了一趟天台县，“轿人各与廿四文钱了”。成寻租轿子的价钱不一，大约与路程远近、道路是否易行有关。至于这些轿子的形制，则无从考证。

北宋前期，官员与“民庶之家”通常禁止乘轿。但是，官员衰老、生病，则允许乘轿。例外有一分，其影响就会放大十分。在例外之下，人们乘轿的热情高涨。绍圣二年（1095），侍御史翟思请求宋哲宗下令禁乘一种四人抬的轿子。暖轿一度在汴京流行。于是，乘轿禁令开始松弛。政和三年（1113）十二月，宋徽宗“以雪滑特许暂乘车轿”。靖康元年（1126）十二月，宋高宗“许百官乘轿”。第二年十一月，以扬州路滑为由，“始许百官乘轿”。自此，乘轿风气日盛，以至于朱熹感叹：“自南渡后至今，则无人不乘轿矣。”轿子租赁业由此发展起来。

轿子租赁在北宋前期就已存在。官员疾病时可以乘轿，但需要自雇。元祐（1086—1093）年间，许元公参加省试，因为雨天路滑，骑马摔伤，“遂僦卧轿舁（yú），去至景德”。乘轿风气盛行之后，轿子出租十分普遍。檐子因“舁以二竿”而得名，是可供婚嫁时租用的一种轿子。靖康二年（1127），金军在汴京城内大肆搜刮，“又征求戚里权贵女，使车载以往，轮辙几尽，搜求肩舆以乘之，赁轿之家，悉取无遗”。所谓“赁轿之家”，指专事轿子出租的人家。这说明轿子出租的业务繁忙，已经成为一门不错的生意。

熙宁五年（1072）十月十二日，成寻到达汴京。在汴京活动期间，交通工具以马为主。除乘坐官马外，还多次租用马匹。十月二十二日，成寻等前去皇宫朝见宋神宗，租马九匹，“马人人与钱九百文了，各百文有也”。第二天，租马九匹，参观太平兴国寺等寺院，“与钱一贯五百文了”。熙宁六年（1073）正月十日，花费九百文租用九匹马。二十二日外出，租马九匹，“九匹各与百文了”。三月二日，租马到后院参加祈雨仪式。十三日，租一匹马外出访客。十六日，租三匹马到显圣寺，“马各七十文毕”。二十一日，租一匹马拜访吴枢密，“马人与百文了”。四月二日，租用四匹马，从东华门进宫朝见宋神宗。六日，租马前去寿圣院，“马人与一百五十文”。从成寻这些花费看，租马当以日计费，行程多少影响价钱，有的费用包括马的使用费、马夫或马主的费用两部分。

在到达汴京之前，成寻至少两次租马。闰七月二十四日，在国清寺付钱租马：“寺人力了马与钱二百四十文了。”九月十日，在润州（今江苏镇江）第一次骑马：“今日始乘唐马，如日本鞍，表敷覆鞍骨，镫悬金轮。酉时，归着船，马舍人与钱十文了。”由此观之，成寻在国清寺租马是为了运物品，而非骑乘。

宋朝推行民间养马制度。太平兴国四年（979），宋太宗命令中使赵守伦买马：“和市在京及诸州民间私马，于是得十七万三千五百七十九匹。”京西产马较多，淳熙十六年（1189），“诏令西京安抚司同本司，每年差官，就所属州县买二百匹”。这为马匹租赁的兴盛提供了充足的保障。

在汴京，民间养马及马的买卖十分发达。元丰七年（1084）四月，开封府“括畿内马，凡得三千四百七十六匹”。靖康元年（1126），金军攻陷汴京后，向宋廷索要全城马匹，得到七千余匹：

“除职事官留马一匹外……纳限三日，敢隐留者全家军法，告者赏钱三千贯，于是自御马而下，得七千余匹。”和乐楼的楼下，“乃卖马市”。马匹租赁因此蓬勃兴盛。最直接的例证，是租马者众多。而且租马者的身份多样。除成寻这样的外国人，还有官员。另外，汴京马匹租赁的地点遍布街巷，租价公开透明：“寻常出街市干事，稍似路远倦行，逐坊巷桥市，自有假赁鞍马者，不过百钱。”往返的价格是单程的一倍。成寻的花费与这些情况基本一致。

在船、轿子、马之外，宋人租赁的交通工具还有驴、车。

驴是宋人常用的交通工具之一。租驴出行极其常见。在有“红杏尚书”之称的宋祁看来，这是因为驴作为交通工具更为便捷，租驴的价钱低，出租驴的地方也很多。陆游诗曰：“闷呼赤脚行沽酒，出遣苍头旋僦驴。”“旋”表示租驴速度之快，如果出租驴的地方少，是做不到这样的。宋祁认为，租驴的大都是粗俗之人。这似乎是误解。咸平五年（1002），开封府一名进士到贡院看榜，妻子留在家里。在听说父母到京城之后，妻子“急僦驴往省”，途中被一名醉汉殴打，直接到官府告状，“僦驴者惧证左滞留，潜遁去”。进士的妻子显然不是“俚人”。此事中出租驴子的僦驴者，与前述出租马的驭者一样，都跟随租赁者一起行路，这应当是马驴租赁的一种形式。只不过驭者可能只是替马主出租、驾驭马的人，而非马主本人，毕竟马失控造成的后果更加严重。

有趣的是，在熙宁（1068—1077）年间，骑马取代骑驴成为时尚。马的体型美观程度、行驶速度均超过驴，骑乘者更显风度翩翩，故骑马流行也是天经地义。但这并不意味着租驴会消失。南宋时，在临安演出的官本杂剧中，有“三偌一赁驴”唱段。陆游诗曰：“硾(zhuì)教纸熟修温卷，僦得驴骑候热官。”前述陆游“出遣苍头旋僦驴”诗句也是例证。

租车以运货为主。宋廷运送粮草到边防地区，多租赁民车，以至于“民以辇僦为病”。汴京有一种可租赁的牛车载人，这种牛车较为豪华，不是普通百姓能租乘的。

政和元年（1111），宋徽宗批准了户部上奏的江南东路监司的申请：“凡依条合运载官物所用舟车之类，委当职官临时依民间价直僦雇，不立定制。”所谓“民间价直”，就是市场定价。宋廷不搞政府定价，承认市场行为，是尊重市场经济的表现，尽管其中存在少付租金等损害市场的现象。成寻能享受到宋朝交通工具租赁的便利，根本原因大概在此。

自和二首·其一

刘克庄

横身久塞杨朱路，洒泣俄悲墨子岐。
陋矣射钩而中者，壮哉鸣鼓以攻之。
侍读自无迁府分，中丞还有僦船时。
八风舞罢君恩歇，赢得闲愁上两眉。

译文

杨朱长久地置身在歧路上，感伤忧虑；墨子看见歧路，马上悲伤落泪。

管仲因为射中齐桓公腰带的挂钩而得到重用，是浅薄的举止；孔子号召学生敲着鼓声讨冉求，是豪迈的行动。

梅询担任翰林侍读学士，自然没有升入中书省与枢密院的机会；舒亶（dǎn）即使担任御史中丞，也有旅途租船的时候。

祝钦明（唐中宗时宰相）跳完八风舞，皇帝的礼遇就没了，落得脸上布满无缘无故的忧愁（不久之后祝钦明被贬为饶州刺史）。

三苏南行

嘉祐元年（1056）闰三月，苏洵带着两个儿子苏轼、苏辙离开家乡眉山（今属四川），到汴京参加科举考试。父子三人走的是陆路，取道成都、长安，“又沙行数千里”，在五六月间到达汴京。秋天，苏轼、苏辙通过开封府举人考试。次年正月，两人顺利通过省试，于三月进士及第。五月，苏洵妻子程氏病逝的消息传至汴京，父子三人仓促返蜀。

苏洵“年二十七，始发愤读书”，虽然学业大进，但屡试不第，求仕屡屡碰壁，政治抱负也无从施展。当时，苏洵经友人举荐给欧阳修。欧阳修见到苏洵和他的文章后“大称叹”，“目为孙卿子”，并“献其书于朝”。于是，“公卿士大夫争传之”，不仅“苏氏文章遂擅天下”，而且“时文为之一变”。苏洵由此暴得大名。欧阳修也欣赏苏轼、苏辙的才华，尤其是在给梅尧臣的信中，掩饰不住自己对苏轼的喜爱：“读轼书，不觉汗出，快哉快哉！老夫当避路，放他出一头地也，可喜可喜！”一时间，父子三人名动京师。其年，苏洵四十九岁，苏轼二十一岁，苏辙十九岁。

益州知州张方平也欣赏苏洵的文章，评价极高。苏洵以为欧阳修、张方平会举荐自己做官，但却没有下文。苏洵名为送两个儿子赴考，但其实还是希望在迈入暮年之前，能靠自己的才华获得官职。结果愿望落空，心中十分不悦。在给欧阳修的信中，苏洵直接地表达了对两人的不悦之情："顷者张益州（即张方平）见其文，以为似司马子长（即司马迁）。洵不悦，辞焉……且惧张公之不能副其言，重为世俗笑耳……执事于文称师鲁（即尹洙），于诗称子美（即杜甫）、圣俞（即梅尧臣），未闻其有此言也，意者其戏也……虽然，天下不知其为戏，将有以议执事，洵亦且得罪。"

嘉祐三年（1058），宋仁宗召苏洵进京参加舍人院考试。但是，苏洵对此举颇为不满，而且对欧阳修未举荐自己仍耿耿于怀，于是就以"有负薪之疾，不能奔走道路"为由，拒绝应召。

第二年，宋仁宗再度召苏洵进京赴试。此时，苏洵已有动身之意。另外，苏轼、苏辙服阕，需要到京接受朝廷的任命。十月，苏洵与苏轼、苏辙以及两人的妻子、乳母，举家踏上进京的旅途。

两次进京，虽相隔不算过久，但情况已变，心境更是不同。上一次进京，苏洵希望通过自己的才华获得一官半职，了却多年求仕未果之憾，却失望而归；苏轼、苏辙带着希望而去，如愿以偿地通过考试，前途确定无疑。这一次进京，苏轼、苏辙已是名声在外的青年才俊，未来人生一片光明，进取之意不时流露；苏洵对需通过考试解决渴望已久的仕途问题仍存不满，而且他年已五十，对于"求仕行道"已不抱希望，家中经济状况"实未至于饥寒而不择"，所以"未甚乐也"，但为了两个儿子的未来，"不可不与之俱东"，内心充满矛盾。上一次进京，苏氏父子三人内心都有所期待，又因亲人病故而归，来去都匆忙紧张；这一次进京，父子三人不再匆忙紧张，余暇甚多。上一次进京，全程都是陆路，历时约两个月；这一次进京，举家离乡，水路、陆路参半，历时约四个月。

苏家的行程大致如下：从眉山南下，沿长江而行，经嘉州（今四川乐山）、戎州（今四川宜宾）到泸州（今属四川），然后折向东北，过渝州（今重庆）、涪州（今重庆涪陵区）、忠州（今重庆忠县）、万州（今属重庆）、夔州、秭归（今属湖北）、峡州（今湖北宜昌）到江陵（今湖北荆州）；此后改为陆行，一路北上，经荆门军（今湖北荆门）、襄州（今湖北襄阳）、唐州（今河南唐河）、叶县（今属河南）、许州（今河南许昌）抵达汴京。

苏氏父子旅程中的活动主要有三项：见友会客，博奕饮酒，观光览胜。其中以观光览胜为最重要。沿途风景优美、风俗各异、古迹多样，让苏氏父子"情动于衷而形于言"，一路吟诗作文："山川之秀美，风俗之朴陋，贤人君子之遗迹，与凡耳目之所接者，杂然有触于中而发于咏叹。"

离开家乡落脚的第一站是嘉州。在嘉州时，当地官员以酒宴款待苏氏父子。苏洵内心的矛盾从诗作中流露出来："佳境日已去，何时休远行。"苏氏父子还结识了河西弓箭手、时任嘉州监税的郭纶。苏轼、苏辙以《郭纶》为题，各赋诗一首。

告别嘉州，意味着即将远离家乡，苏氏父子各有感触。苏洵求仕多年未果，失落之情浓郁不散，但赴试入仕还有让自己实践志向的些许可能："家托舟航千里速，心期京国十年还。"但是，苏轼、苏辙却年少得志，充满进取的豪情。苏轼诗曰："故乡飘已远，往意浩无边。"苏辙诗曰："谁能居深山，永与禽兽伍?"

船上无事，苏洵或为排解郁闷，或为消遣，便在夜间弹琴。琴声在“江空月出人响绝”的夜里乍响，苏轼内心激昂：“弹琴江浦夜漏水，敛衽窃听独激昂。”苏辙则是悠然自在：“水深天阔音响远，仰视牛斗皆从横。”时间一久，水上生活显得单调重复，苏轼“厌闻船上报更筹”，苏辙“朝饭厌鱼羹”。好在随着船的前行，时空不断转换，景物迅速变化：“忽过百余里，山水互变更。”苏氏父子三人因此开心愉悦：“江上诚足乐，无怪陶朱生。”

苏洵爱好木山（又称木假山，即似山之木）。友人曾“拣赠最奇峰，慰我苦长叹”，苏洵将它带在船上。旅途中有人前来欣赏，“自言此地无，爱惜苦欲换”。苏洵甚是得意：“低头笑不答，解缆风帆满。京洛有幽居，吾将隐而玩。”内心的阴霾一扫而空。虽然苏洵的具体想法无从探知，但想必已经看淡仕途，放下执念。既如此，之前的不悦与不满也随之烟消云散。苏轼轻松自在，专心致志地欣赏船疾行带来的绝美风景：“船上看山如走马，倏忽过去数百群。前山槎（chá）牙忽变态，后岭杂沓如惊奔。仰看微径斜缭绕，上有行人高缥缈。舟中举手欲与言，孤帆南去如飞鸟。”在苏辙眼中，远山、落日、孤云组成了一幅浪漫动人的画面：“朝看江上枯崖山，憔悴荒榛赤如赭。莫行百里一回头，落日孤云霭新画。前山更远色更深，谁知可爱信如今。唯有巫山最秾秀，依然不负远来心。”

时空转换之间，岸上一幕幕的风土人情、陈迹遗事搅动着苏氏父子的内心。戎州的市场上有很多少数民族。在苏辙看来，他们辛苦谋利：“汉虏更成市，罗纨靳不还。投毡捡精密，换马瘦孱颜。兀兀头垂髻，团团耳带环。夷声不可会，争利苦间关。”苏轼看到他们“颇能贪汉布，但未脱金环”，想到“往时边有警，征马去无还”，内心渴望和平安定，“何足争强弱，吾民尽玉颜”。

渝州巫山一带，峰峦巍峨，传说颇多。神女帮助大禹治水的故事及其庙宇，吸引了苏氏父子的注意，均有诗赋吟咏。巫山的乌鸦不惧行人，在行舟之上取食。苏辙诗曰：“饥乌巧会行人意，来去纷纷噪客船。”苏轼诗曰：“江上饥乌无足怪，野鹰何事亦频频。”

船行至忠州时，苏辙、苏轼突然听到了楚人演唱《竹枝歌》，歌声悲伤。苏辙顿生思乡之情，不禁潸然泪下：“去家千里未能归，忽听长歌皆惨悽。空船独宿无与语，月满长江归路迷。路迷乡思渺何极，长怨歌声苦凄急。不知歌者乐与悲，远客乍闻皆掩泣。”苏轼关注的是楚地的帝子（指娥皇、女英）、屈原、楚怀王、项羽：“故国凄凉人事改，楚乡千古为悲歌。”严颜是东汉末年名将，被张飞俘虏后拒降，忠州有严颜碑。两人游历之后，都作诗赞扬严颜忠义勇敢。苏辙诗曰：“临危闲暇有如此，览碑慷慨思横戈。”苏轼诗曰：“吁嗟断头将，千古为病悸。”两人在忠州意外地发现一座屈原塔，苏轼仰慕屈原高洁的名声：“名声实无穷，富贵亦暂热。大夫知此理，所以持死节。”苏辙认为世人并不能真正理解屈原：“浮图高绝谁所为，原死岂复待汝力?”

章武二年（222），刘备兵败之后，在夔州永安宫托孤于诸葛亮，第二年在此病故。苏轼造访时，“游人杂楚蜀，车马晚喧喧”，但宫殿早已不存，“徘徊问耆老，惟有永安门”，不由得感叹：“不见重楼好，谁知昔日尊？吁嗟蜀先主，兵败此亡魂。”夔州有诸葛亮留下的八阵碛。苏轼由此发挥，批评诸葛亮没有抓住时机建功：“崎岖事节制，隐忍久不决。志大遂成迂，岁月去如瞥。”苏辙则为诸葛亮不被理解而惋惜：“奈何长蛇形，千古径不悟。惟余桓元子，久视不能去。”东汉末年，公孙述在蜀称帝，终为刘秀所灭。后人在白帝山上建白帝庙，祭祀公孙述。苏轼认为，公孙述虽然因为“失计”而失败，但留下了功业：“犹余帝王号，皎皎在门楣。”苏洵将最终兵败的熊氏（楚国国姓，指楚国）、公孙述、刘备、诸葛亮串联在一起，提出意味深长的问题：“白帝有灵应自笑，诸公皆败岂由兵?”

秭归是屈原的故乡。屈原死后，其故居改建为庙。苏氏兄弟登门瞻仰，再度表达心迹。不过，这一次两人使用的文体是赋，叙述屈原的事迹及后世对屈原的态度更为详尽。苏轼慷慨激昂，直接表达对屈原的赞赏：“呜呼！君子之道，岂必全兮。全身远害，亦或然兮。嗟子区区，独为其难兮。虽不适中，要以为贤兮。夫我何悲？子所安兮。”苏辙含蓄曲折，委婉地表达对屈原悲剧命运的理解：“嗟平生之所好兮，既死而后能然。彼乡之人兮，夫孰知予此欢？忽反顾以千载兮，喟故宫之颓垣。”

在牛口（今属秭归）停留时，夜里的月色让苏轼想起嘉祐元年(1056)在京城的往事，向往京城的心思溢于言表：“幽怀耿不寐，四顾独彷徨。”这里“置身落蛮荒”的深山居民，没有因为贫贱而悲苦，不仅“甘与麋鹿友”，而且“亦足乐且久”。苏轼睹人思己，与他们的从容相比，自己奔波于旅途中是为了什么：“今予独何者，汲汲强奔走?”苏辙的感受则完全相反，觉得他们的生活困苦，心生怜悯：“水寒双胫长，坏裤不蔽股。……稻饭不满盂，饥卧冷彻曙。安知城市欢，守此田野趣。”

元和十四年（819）三月，白居易与弟弟白行简，以及友人元稹在峡州夷陵相会。三人酒后同游一处石洞，“各赋古调诗二十韵，书于石壁”。此洞因为三人始游，故名为三游洞。苏氏父子经过三游洞时，也一起游览，并赋诗。世人因此将白居易、白行简、元稹游洞称为“前三游”，将苏氏父子游洞称为“后三游”。

苏家到达江陵时，已是年底，于是一家人便在此欢度春节。其间，苏轼作《荆州十首》，较为全面地记录了自己看到的荆州。这里是历史悠久的古城，残存的古迹随处可见：“战骨沦秋草，危楼倚断霞。百年豪杰尽，扰扰见鱼虾。”江中的深水鱼是美味佳肴：“江水深成窟，潜鱼大似犀。赤鳞如琥珀，老枕胜玻璃。”南来北往的商人在此聚集：“北客随南贾，吴樯间蜀船。”当地人不愿意从事农耕：“农事谁当劝，民愚亦可怜。平生事游惰，那得怨凶年。”却注重岁时，在新年时举行民俗活动：“爆竹惊邻鬼，驱傩逐小儿。”游人、老叟热衷于占卜：“游人多问卜，伧（cāng）叟尽携龟。”楚地的歌辞无人传唱，已经不存：“日暮江天静，无人唱楚辞。”春秋楚国的渚宫已经残破不堪：“千年壮观不可复，今之存者盖已卑。”由此引发的历史沧桑感撞击着苏轼年轻的心：“百年人事知几变，直恐荒废成空陂（bēi）。”苏辙的内心当有波澜，但与苏轼同赋渚宫的诗作已经散佚，仅剩“湘东晋宗子，高氏楚元戎。凿沼长千尺，开亭费万工”四句。

从江陵开始，苏家舍舟陆行，离故乡越来越远，距汴京越来越近。对苏氏父子而言，仕途之门正在徐徐打开，对于未来命运不确定的紧张感渐次强烈。在《浰阳早发》（浰阳又称丽阳，即今湖北钟祥胡集镇丽阳村，位于荆门至襄阳途中）中，苏轼坦承，自己已经决定向着富贵功名而行，对于身后的故乡田园只能永远地怀念：“富贵本先定，世人自荣枯。嚣嚣好名心，嗟我岂独无。不能便退缩，但使进少徐。我行念西国，已分田园芜。南来竟何事，碌碌随商车。自进苟无补，乃是懒且愚。人生重意气，出处夫岂徒。永怀江阳叟，种藕春满湖。”苏辙与苏轼不同，在同题诗中表达了对仕途的怀疑和迷茫：“我行亦何事，驱马无疾徐。楚人信稀少，田亩任蓁（zhēn）芜。空有道路人，扰扰不留车。悲伤彼何懒，叹息此亦愚。今我何为尔，岂亦愚者徒。”

襄阳是历史风云际会之地，史事、遗迹、山水交织难分。西晋时羊祜镇守襄阳，广施恩惠，死后百姓立碑纪念；杜预继羊祜后镇守襄阳，在灭吴之战中功勋卓著，颇有治绩；诸葛亮在隆中（今距襄阳城区仅十余公里）“躬耕陇亩”，刘备“三顾茅庐”。苏洵为三人伤怀流泪：“自从三子亡，草中无豪英。聊登岘山首，泪与汉流倾。”汉魏时刘表、刘琮父子与刘备的兴衰成败，以及南朝襄阳太守刘道产的德政治绩，在苏轼、苏辙兄弟俩的心中激起道道涟漪。

行至开封府尉氏（今属河南），历时四个月的旅行即将结束。然而，天降大雪，苏家不得不滞留驿站。一天，一名“面苍黑”的客人冒雪进入驿站。苏轼与这位陌生人欢声笑语，“饮至醉”，却不问姓名：“苦寒有酒不能饮，见之何必问相识。我酌徐徐不满觥，看客倒尽不留湿。千门昼闭行路绝，相与笑语不知夕。醉中不复问姓名，上马忽去横短策。”天亮后，“客南去，竟不知其谁”。雪夜的静谧以及与陌生人饮酒、聊天，给苏轼创造了一个没有丝毫压力的空间。苏轼身处其中，状态极为轻松。下一段人生之路行将开启，苏轼已做好了准备。想来苏洵、苏辙也是如此。

苏氏父子此次旅行结束后，将途中所作诗文编成《南行前集》

《南行后集》，合称《南行集》（今佚）：“集（自眉州至江陵）舟中所为诗赋一百”，为《南行前集》，苏轼有《南行前集叙》；“自江陵至京师途中，所为诗赋又七十三篇，为《南行后集》，辙有《南行后集引》”。

治平三年（1066），苏洵病逝于汴京，仕途平淡无奇。苏轼、苏辙在宦海中沉沉浮浮，虽有起落，但绝无妥协与悲观。如此表现，完全可以从三人南行之作中窥见。“人生如逆旅，我亦是行人。”旅行的真谛即在于此。

游嘉州龙岩

苏洵

系舟长堤下，日夕事南征。
往意纷何速，空岩幽自明。
使君怜远客，高会有余情。
酌酒何能饮，去乡怀独惊。
山川随望阔，气候带霜清。
佳境日已去，何时休远行。

译文

将船拴在长长的堤岸边，从早到晚都在忙着南行。

前行的想法多么地杂乱急切，龙岩空荡幽静独自明丽。

知州怜惜我们这些远方来的客人，带着浓浓的情谊举行盛大的宴会。

斟满酒怎么能喝呢？离开家乡，心情特别地纷乱。

放眼看去，山岳江河随之开阔，天气因为下了霜而凄冷。

已经离开故乡美丽的山水，什么时候能停止远行呢？